静かに分断する職場

なぜ、社員の心が離れていくのか

高橋 克徳

ディスカヴァー携書
260

はじめに

あなたも、こんなことを感じていませんか。


「1on1といっても、本音は言えないし、気をつかうだけ」

「キャリア自律っていうけど、結局、自力で頑張れってこと？」

「多様な働き方っていうけど、みんなバラバラになっているだけの気がする」

「生産性を上げながら成長と挑戦っていうけど、どこにそんな余裕があるの？」

「最近の若手は何を考えているかわからない。下手なことを言って辞められても困る」

「管理職の負担がますます増える……。誰も管理職やりたくないよね？」


何かおかしい。何かが違う。でも周囲がどう思っているかわからないし、声に出しても、何かが変わるとも思えない。だから余計なことは言わないほうがいい。

あなたの会社でも同じようなことが起きていませんか？

わたしは経営コンサルタントとして30年以上、多くの社員、管理職、経営者の方たちと向き合ってきました。失われた30年といわれるバブル経済崩壊以降の経営が、人の感情、組織の感情に与える影響を分析し続けてきました。

組織の中に負の感情の連鎖が起こると、一人ひとりが心を閉ざし、関係が希薄になり、活力を失っていく。組織の中にどうしたら良い感情の連鎖を起こせるか。こういった切り口で人づくり、職場づくり、会社づくりの支援を行ってきました。

その中で、２００８年に仲間と一緒に書いた本が『不機嫌な職場』（講談社）です。忙しい、余裕がない。その中でギスギス感情や冷え冷え感情が職場全体に広がり、互いに関わり合えない、協力し合えない職場になっていく。バブル崩壊以降、経済の悪化を背景に、柔軟に変化することを拒み、目先の収益ばかりを追い、人材をおろそかにした結果生まれたのが、「不機嫌な職場」ではないかという内容です。自分の職場も同じだ、どうにかしたいという声がネット上で広がり、28万部を超えて読まれる本になりました。

しかし、そこからこの状況が変わらない職場では、負の感情や不満の声すら出なくなっていきました。本当はどう思っているのか、何を考えているかわからない。どうせ何も変わらないとあきらめていく社員たち。

そして、そんな状況に拍車をかけたのがコロナ禍です。互いの感情が物理的に見えづらくなったからです。職場にいてもマスクをして互いの表情が見えないまま、目の前の仕事を黙ってこなしていく。オンラインでは互いの感情が空気感として伝わってこない。さらに働く意識や価値観も多様化していく。同じ職場の仲間なのに、仕事に、職場に、会社に対して、本当はどう思っているのかが見えなくなる。組織の中の感情が見えなくなってしまったのです。

気づくと、価値観や考え方の違いが**見えない壁**をつくり、互いに触れられない、向き合えない、対話ができない。ギスギスした感情もなければ、衝突や対立もない。互いの心の距離が離れ、「**静かなる分断**」が生まれているのです。


静かなる分断とは、「背景や前提、価値観や考え方が違うかもしれないと思い、本質的

な対話を避け、互いに距離を置いている状態」のことを指します。
あなたの会社も、心が離れていく社員ばかりになっていませんか？

仕事や会社に感情を持ち込む必要はない、むしろ余計な感情に振り回されなくてよいと思う人もいるでしょう。確かに負の感情は人を萎縮させ、人を追い込んでしまう。でも逆に前向きな感情は互いを支え、人と組織に新たな活力を生み出します。
仕事や会社に思いを持てない、仲間の大切さを実感できない人たちばかりになったとき、わたしたちは幸せな未来を築くことができるのでしょうか。

わたしたちはこれから深刻な社会課題と向き合わなければならなくなります。気候変動や自然災害、人口減少と高齢化、ＡＩなどデジタル技術の進化……。いやおうなく社会課題はビジネスのかたちを大きく変えていきます。その中で、個人の選択、会社の選択が、より良い未来をつくるのか、変化に押しつぶされてしまう未来をつくるのか。わたしたちは企業という「場」を使って、より良い未来をつくりだす知恵と革新を生み出さなければならないのではないでしょうか。

わたしたちは今、**人と組織の関係が大きく変わる分岐点**にいます。人と組織がともに支え合い、協力して未来を切り拓く関係になるのか、各々が自己利益を優先し互いをうまく利用するだけの関係になるのか。見えない壁、静かなる分断の前で、あなたは、あなたの会社はどのような選択をするのかが問われているのです。

この本はこれからの人と組織の新しい関係、これからの生き方、会社のあり方を、**違いや立場を超えて一緒に対話し、一緒に探求するきっかけ**にしていただきたくて書いた本です。

今までの企業社会のあり方を一度疑ってみる。人と組織をイキイキとさせるために、より良い未来をつくるために何が本当に必要なのか、一緒に考えてみる。この本を通じて、今を問い直し、未来を切り拓く。そんな探求の旅に出てみませんか。

2025年3月

高橋克徳

静かに分断する職場

目次

第2章　なぜ、心が離れていく会社になってしまったのか？

第3章　心が離れた会社ではダメなのか？

第4章　静かなる分断を超える五つのカギ

第5章 静かなる分断を超える七つの対話

第6章　人と組織が一緒に変わる三つの革新

第7章　コミュニティシップ溢れる社会をつくる

第1章

仕事や会社から心が離れていませんか？

あなたの心は、仕事、職場、会社とつながっていますか？

「仕事が面白い、職場が楽しい、会社が好きだ」
一つでもいいので、子どもたちの前で堂々と語れますか。

わたしが研修や講演をする際に、必ず最初に聞いてきたことです。

エンゲージメントという言葉が広まっていますが、約束、契約、婚約などを意味する言葉です。そこには強いつながりを感じ、自らそこに拘束される、参画するというニュアンスがあります。

つまり、冒頭の問いは、「**仕事や職場、会社との間に強いつながりを実感し、主体的に参画していますか**」ということを聞いています。そのときに「子どもの前で」と言っているのは一つの象徴です。嘘やごまかしなく、「**心からそう思っていますか**」ということを問いかけています。

実際に手を挙げてもらうと、ほとんどの職場、会社で手を上げる人は一割から二割程度です。しかも、その中には気持ちよく手を上げる人もいますが、多くの人たちは迷いながら手を上げます。やはり子どもたちの前でイキイキと語る自分がイメージできない人が多いようです。

明確に「つながり」を実感している人は１割

今では想像がつかないかもしれませんが、バブル期の１９８９年、世界の企業の時価総額ランキングで上位50社中32社が日本企業でした。ＩＭＤ（国際経営開発研究所）が調査している「世界競争力年鑑」でも、１９９２年までは日本の競争力は世界１位でした。ところが２０２４年で時価総額ランキング50社に入るのはトヨタ自動車１社のみ。世界競争力年鑑でも、67か国中38位になっています。

バブル期は異常であったとはいえ、当時の日本企業は、活力のある人たちと、一体感のある組織によって支えられてきました。ところが、バブルが崩壊した後、人も組織も活力を失っていきます。

米ギャラップ社が140以上の国で継続的に実施している「グローバル職場環境調査2024」が今の日本を象徴していると話題になりました。従業員の仕事や職場に対する積極性、熱意に関わる12の質問への回答をもとに「積極的にエンゲージメントしている(actively engaged)」とされた日本人の割合はなんとわずかに6%。これは世界平均の23%を大きく下回り、世界最低水準です。さらに「エンゲージしていない(disengaged)」が70・3%、「積極的にエンゲージしていない(actively disengaged)」が23・7%となっています。

わたしたちジェイフィールでも、2024年5月に「人・組織・コミュニティに関わるアンケート調査」を行っています(図1－1)。その中でも、仕事、職場、会社へのエンゲージメントを測定しています。「そう思う」「ややそう思う」と肯定的に回答した人の割合で見ていくと、「仕事が面白い、充実している」が39・4%、「職場が楽しい、良い職場だと思う」が49・5%、「会社が好きだ、良い会社だと思う」が48・2%と、4、5割の社員は肯定的に受け止めていることがわかります。

図1-1. エンゲージメントに関わる質問

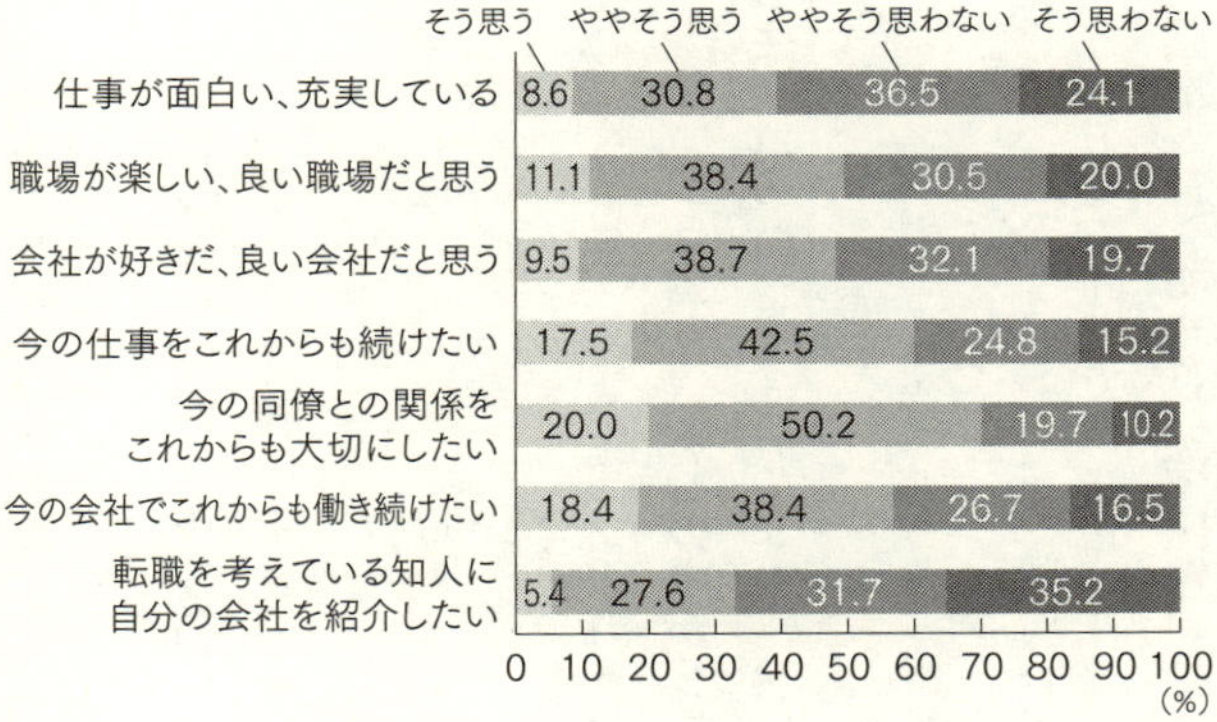

ジェイフィール「人・組織・コミュニティに関わるアンケート調査」（2024年5月N=315）

しかし、「そう思う」と明確に肯定した人だけの割合を見ていくと、「仕事が面白い、充実している」が8・6%、「職場が楽しい、良い職場だと思う」が11・1%、「会社が好きだ、良い会社だと思う」が9・5%と1割程度にとどまってしまいます。逆に明確に「そう思わない」と強く否定した人は、すべての質問で約2割です。

明確に仕事や職場、会社にエンゲージメント、すなわち「つながり」を実感している人が1割、明確に実感していないと思っている人が2割。「やや」と回答しながら、つながっているとも、つながっていないとも言い切れない人が7割。そう理解すると、先ほどのギャラップ社の調査と一致しているように見えます。

エンゲージメントが低いのは、つながりを実感できる関係性がないから

エンゲージメント、すなわち「つながり」を感じるというのはどういうことなのでしょうか。

それはそこに、**愛着や思い入れという強い「感情」が生まれている**ということです。**モチベーションは個々人の心の中から生まれる感情ですが、エンゲージメントは関係性の中から生まれる感情です。つまり、良い感情が生まれるためには、良い関係性が必要**になります。

社員のエンゲージメントが低いと嘆く経営者や人事、管理職もいますが、それは社員一人ひとりの心の問題ではなく、社員と仕事との間、社員同士の間、社員と会社との間に、良い感情が行き交う良い関係性が生まれていないということです。

仕事を通じて、やりがいや成長実感を得られる。職場を通じて、安心感や支え合い感を持てる。会社を通じて、社会への貢献実感や働く喜びと感謝の気持ちが湧いてくる。そんな感情が自然に生まれる働き方、マネジメント、コミュニケーションがあるかどうかで、エンゲージメントという深いつながりを実感できるかが決まります。

つまり、エンゲージメントはあくまで結果であり、エンゲージメントが生まれやすい関係性があるかに着目する必要があります。さらにその**関係性が良い関係性かどうかを判断するには、そこに良い感情の連鎖が起きているかを見ていく**ことが必要です。

日本人のエンゲージメントが低いのは、良い感情の連鎖が起きていないからです。むしろ人を萎縮させ、前向きさを失わせる負の感情の連鎖が起きているからです。組織に広がる感情、すなわち組織感情は、関係性の中から生まれる感情であり、それが個人の意識や行動に大きく影響を与えます。

閉じた働き方は負の感情の連鎖を生む

負の感情の連鎖が起きている典型的な職場では、こんなことが起きています。

目の前の仕事は一生懸命やっている。さぼっているわけではない。むしろ追い立てられながらも責任感は失わず、しっかりと仕事をこなし続けている。でも、目の前の仕事に埋没していくうちに、タコツボに自らを閉じ込めてしまい、そこから抜け出すことができなくなる。

余計なことをして、自分が追い込まれないように、自分の目の前の世界の中だけで生きようとする。新しいことが起きても、そこには触れないようにする。実際にそんな余裕もない。仕事で良いことがあっても、日々の仕事が流れていく中で、喜びを実感することも、誰かと分かち合うこともない。

そんな中で、ちょっとした問題や困り事が起きても、周囲の人は気づいてくれない。みんな忙しそうだから、自分で抱えるしかない、自力でどうにかするしかない。ますます関係が希薄になる。職場の同僚ではあるけれども、助け合える仲間とは思えない。

そんな状況が続くと、誰も本音を言わなくなる。困ったことも、本当はこうしたいという意思も、誰も口にしなくなる。会社が言っていること、会社のメッセージも、自分とは遠い世界のことのように感じる。でもそこに不満を言ったり、対話をしたりすることもない。気づくと、この会社で働いていることの意味や自分の中にあった志や思いも見えなくなる。自分で自分の心に蓋をしてしまう。

このように、**閉じこもる働き方**は、仕事の楽しさ、仕事の喜びに気づく、分かち合う機会を奪っていく。**希薄化していく関係**は、仲間だという感覚、職場という場所の意味を失わせる。**対話ができない組織**は、会社への思い、未来への思いを削いでいく。

日本人は特に、周囲のことを気遣う意識が強い。それが逆に、互いへの遠慮を生み、抱え込んでいく人を増やしてしまう。

そうやって働くことを、何年も何十年も続けてきたら、どうなると思いますか。

閉じた世界の中で、喜びを実感できずに働くことが当たり前のように思えてくる。それを受け入れるために、余計な感情は持たないようにする。自分を守るために、感情を閉ざす。そうしてどうにかここまで頑張ってきた人に、「仕事が面白い、職場が楽しい、会社が好きだと、子どもたちの前で堂々と語れますか」と聞くのは、きわめて無神経なことなのかもしれません。

コロナ禍がもたらした「感情」の変化

そんなモヤモヤとした感情を持ちながら働き続けてきたわたしたちの意識に、大きく影響を与える出来事が起きました。それがコロナ禍、パンデミックです。

生きづらさや窮屈さを感じながらも、毎日満員電車に乗って会社に行かなければならなかった日常が、急に出社禁止になり、リモートワークに切り替えざるを得なくなる。自宅で仕事をするなんてありえないと思っていたのに、実際に自宅で仕事をする機会が増えていく。気づくと、家事や育児、家族との時間が自然と増えていく。自分の好きなこと、勉強したいことに時間を費やせるようになる。会社中心、仕事中心の日常だったのが、自分中心、家族中心の時間を持てるようになる。

一方で仕事の特性上、出社しなければならない人たちも多くいました。オンラインで仕事ができる人たちがいるのに、なぜ自分はリスクを冒してまで電車に乗り、会社に行かなければならないのか。みんながマスクをしている光景の中で、同じ職場にいても相手の表情が見えない、声をかけにくい。一緒にいても、一緒にいる感じがしない。職場って何だろう、一緒に働くって何だろう。そんな疑問を持ち始めた人たちもいます。

コロナ禍で心が解放された人、孤独を感じた人

実際に研修の場で、コロナ禍になり仕事や職場、会社への意識で変わったと思うこと、逆に難しくなったと思うことは何ですかと聞くと、以下のような言葉が返ってきます。

コロナ禍になって変わったこと、良くなったこと

- 通勤時間が減って、時間的余裕が生まれた
- 自分の仕事に集中できるようになった
- 上司が目の前にいないので、余計な仕事が急に振られることがなくなった
- ストレスやプレッシャーから解放されて楽になった
- 自分から都合の良いときだけアクセスすればよくなった

●長時間の会議、無駄な会議が減った

逆に、コロナ禍になって難しくなったこと、悩ましくなったこと

●雑談や仕事以外の会話がほとんどできなくなった
●オンライン会議でも顔を出さない人が多く、表情や様子がわからない
●ちょっと聞きたいことがあっても、相手の状況がわからないので聞けなくなった
●お互いの仕事の状況がわからないので、抱え込んでいる人がいても気づけない
●うまくいっていないことをますます口にしづらくなった
●新卒や中途の人たちは特に、関係の土台がないので、なかなかなじめない

あなたも、コロナになって、余計なストレスから解放されたと感じたのではないでしょうか。一方で、ますます孤立する状況になり、つながりが見えなくなったとも感じていないでしょうか。

「物理的距離」の変化は「心理的距離」も変えた

コロナ禍になって、わたしたちはストレスの原因の一つが距離感にあることを知ります。ソーシャルディスタンスという言葉が使われるようになりましたが、元はアメリカの人類学者、エドワード・ホールが提唱した概念で、相手に対して抱いている感情と距離との関係を明らかにしたものです。知人と呼ぶのにふさわしい関係の人との適切な距離は１２２～３６６cm、友人や家族と話すときに取る通常の距離は46～１２２cm。前者を社会距離（ソーシャルディスタンス）、後者を個体距離（パーソナルディスタンス）と呼びます。

上司や周囲の同僚が、家族や友人のように思える近い関係であれば個体距離でも受け入れられる距離感になるかもしれませんが、関係が希薄、仕事だけの関係だと思っている相手の場合は１２２cm以上の社会距離が必要になります。

でも、実際には友人や家族のように感じられない上司や同僚と近い距離で話をし、仕事をしていかなければならない。ましてや恋人や夫婦、親子といった極めて親密な関係だからこそ許される距離、46cm以下（密接距離）に入り込んでコミュニケーションを取ってくる上司がいたら、それだけで心理的に強い不快感を覚えていた人も多くいるかもしれません。満員電車がどれだけ心に負荷を与えているのかについても、同様の論理です。

わたしたちはコロナ禍を通じて、**物理的距離が心理的距離に影響することに、実感値だけでなく理屈として客観的に理解してしまったのです。**

だから、物理的な距離感が広がったことでストレスが減ったと感じる人が増えた。一方で、上司や同僚との関係を、友人や家族のように近い関係だと思っていた人たちからすると、コロナ禍で距離感が広がったことで、不安や孤独感を抱えることになった。2つの心理を両方とも経験した方もいるのではないでしょうか。

コロナ禍後、負の感情がまた増え始めている

実際にコロナ期、コロナ後で、感情にどのような変化があったかをジェイフィールでは調査してきました。コロナ禍にあった2021年4月、新型コロナウイルス感染症が「5類」になることに決まり日常に戻り始めた2023年4月、その1年後の2024年5月の3回の調査結果を見ていきます(図1-2)。

２０２１年のコロナ期では、「不安感：不安な気持ち」「沈滞感：なんとなく気が重い、やる気が出ないという気持ち」「不信感：相手が何を考えているかわからないという気持ち」がすべて6割を超えていました。周囲が見えなくなる中で、不安を感じ、落ち込んでいた人が半数を超えていたことは、実感に近いのではないでしょうか。

２０２３年、コロナがいったんの終結を迎えた時期での調査では、これらの項目すべてが5割前後へ低下します。不安や落ち込む気持ちがいったん和らいだといえます。

ところが1年後の２０２４年の調査では、こうした負の感情が再び上昇します。「緊張感：いつも追い立てられている、気が抜けないという気持ち」は、コロナ期、コロナ収束時、収束1年後の順に、43・9％↓46・3％↓54・0％と上昇しています。コロナ期に低下していたプレッシャーが職場に戻り、10ポイント以上増えてしまったことを示しています。

「創造実感：創造的に仕事ができている実感」も31・0％↓46・0％↓31・7％と元に戻り、「効率実感：効率的に仕事ができている実感」は56・1％↓62・9％↓41・6％とコロナ期よりも大きく低下しました。

図1-2. 個人の感情の変化

個人の感情	2021年1月	2023年4月	2024年5月
【不安感】不安な気持ち	68.4	47.9	52.1
【沈滞感】なんとなく気が重い、やる気が出ないという気持ち	62.3	50.2	57.1
【あきらめ感】何をしても、この状況は変わらないという気持ち	64.2	54.6	65.1
【緊張感】いつも追い立てられている、気が抜けないという気持ち	43.9	46.3	54.0
【不信感】相手が何を考えているかわからないという気持ち	65.5	48.6	51.1
【不信感】相手を受け入れられない、信じられないという気持ち	44.8	41.0	50.2
【支え合い感】お互いを支え合おう、助け合おうという気持ち	55.2	62.2	61.3
【認め合い感】一人ひとりの良さ、長所を認め合うという気持ち	61.3	66.0	57.5
【高揚感】職場が楽しいという気持ち	27.1	43.8	37.1
【創造実感】創造的に仕事ができている実感	31.0	46.0	31.7
【効率実感】効率的に仕事ができている実感	56.1	62.9	41.6
【存在実感】周囲から必要とされている実感	41.6	52.4	53.7
	N=310	N=315	N=315

ジェイフィール「働く人の感情調査」(3か年の定点調査)

リモートワークやコミュニケーションが少ない働き方になったことで、ストレスが減り、効率的になった働き方が、コロナ収束後1年経って、元のストレスフルで、創造性が発揮できない非効率な働き方に変わってしまったのかもしれません。

そんな逆戻り現象が、2つの心理を生んでいる可能性があります。

1つは、「あきらめ感：何をしてもこの状況は変わらないという気持ち」が増えていることです。もともと64・2％と高い数値だったのが、コロナ禍収束時に54・6％と減り、その1年後では65・1％とコロナ期よりも高いという結果になりました。コロナから日常の業務に戻る中で、コロナ禍で変化すると思っていたことが元に戻り、「あきらめ感」が全項目の中で最も高い数値になっています。

もう1つは、一人ひとりを受け入れ、認め合う気持ちが低下していることです。「不信感：相手を受け入れられない、信じられないという気持ち」は、44・8％→41・0％→50・2％と半数を超えました。また、「認め合い感：一人ひとりの良さ、長所を認め合うという気持ち」も61・3％→66・0％→57・5％と大きく減少しています。

わたしたちはコロナ禍という異常な体験の中で、不安感や孤独感を強めていきました。でも同時に、距離感が近過ぎることから生まれるストレスから解放され、心の余裕が少し生まれた。

ところが、コロナ禍が収束して元に戻ってしまった。それがあきらめ感を高め、互いを受け入れ、認め合う気持ちを低下させている。こうしたことが今、多くの人たちの心の中に起きているのではないでしょうか。

仕事や職場、会社との距離を置き始めた社員

コロナ禍が3年も続いたことは、人との接し方、関わり方にも大きな影響をもたらしました。もともと自分からコミュニケーションを取ることが苦手だった人ほど、自分から声をかけ、自分から関わる機会を失っていきます。誰かと何かをする喜びや、雑談をする楽しさ、支え合う喜び、助けてくれるありがたさを実感する機会を失いました。

むしろ、誰とも関わらないことの居心地の良さを実感できた。自分から人に関わらなくてもやっていける。むしろ楽だと思った方もおられるでしょう。

自分の苦手なことをあえてする必要はない。無理して人に関わる必要がない思う人、本当は人と関わりたいけれども、そうした経験がなくなり、ますます行動を起こせなくなっている人、昔のようにざっくばらんに声をかけて、飲みに誘いたいのにできないとためらってしまう人……。そんな人たちが増えてしまったのではないでしょうか。

社員が大きく分化し始めた

コロナ収束後に社員のタイプが明確に分かれてきたという話をよく聞きます。

コロナ禍でストレスが減ったという人の中では、マイペース社員と線引き社員が増えている。**マイペース社員**とは文字通り、自分の仕事を自分のペースでやっている社員で、煩わしい指示も、余計なアドバイスもなくなり、むしろ迷いなく仕事を淡々とこなしている人たちです。中には誰にも邪魔されず、イキイキと仕事をしている人たちもいます。

さらに、**線引き社員**もいると言うのです。余計なことは言われないから、仕事なんてこれぐらいでよい、これ以上は自分の仕事ではない、いろいろなことに関わらないようにする。そう思って、自分にとって居心地の良い境界線を引こうとする人たちです。

一方で、周囲が見えなくなり、孤立感を覚えながらも、目の前の仕事と向き合っている人の中にも、2通りの社員が増えたと言います。

1つは、**抱え込み社員**。もともと多かったのですが、ますます誰にも何も相談できず、トラブルがあっても自分一人でどうにかしなければと抱え込んでしまう社員。

もう1つは、**あきらめ社員**。そうした中で、周囲に期待すること、より良くなることもあきらめてしまった社員。会社が何をしようが、上司が表面的に面談をしてくれても、結局は誰も自分の状況をわかってくれない、何かが変わるわけではないとあきらめて、目の前のことを淡々とこなす。心はもうこの会社、この仕事にはないのに、それでも辞められないので日々の仕事をこなす。そんな社員です。

こうした積極的に仕事に意義を見出すことはせず、必要最低限の業務をこなす働き方を選ぶ人たちの状態を「**静かな退職**」と呼びます。この言葉は、2022年にアメリカのキャリアコーチであるブライアン・クリーリーが発信し始めた「Quiet Quitting」が「静かな退職」と訳され、広まったものです。

先述のギャラップ社の調査では「エンゲージしていない（disengaged）」と回答した70・3％が「静かなる退職」状態にあるとも考えられ、2023年11月にマイナビが行った「正社員のワークライフ・インテグレーション調査」では、48・2％の人が「静かな退職」に該当すると言います。半数近い、あるいはそれ以上の人が、仕事にも会社にも距離を置いて、そこに余計な感情を持ち込まないようにしている。**心はすでに退職している。**

コロナ禍は人と人との関わり方に影響を与えただけでなく、仕事や会社への関わり方にも影響を与えたのです。人と関わらず、本音を隠し、目の前の仕事にますます閉じこもることで、自分を余計なストレスから守ろうとする働き方という選択肢を手に入れてしまった。仕事、職場、会社から距離を取り、心は退職していく。あなたにもその気持ち、わかりますか。

「前向き」に職場から心が離れる社員

この心が離れていく社員の中にも、前向きな気持ちで離れていっている人もいます。それは今までの自分の働き方、生き方を積極的に見直したいという人たちです。

会社中心、仕事中心の論理の中で、目の前の仕事に邁進することが働くことであり、自分を成長させることにつながると信じてここまで頑張ってきたベテラン社員。

そこまで前向きではないけれども、そうしなければならないというプレッシャーの中で、自分の仕事をやり切る、成果を出すことに責任感を持って取り組んできた中賢社員。

そうした人たちの中で高い成果を上げて、さらに多くの責任と負担を負いながら、会社中心、仕事中心の生き方の象徴のように思われてきた管理職。

それを見て、自分には真似できない、同じようにはなれない、私生活まで犠牲にはしたくないと、管理職やリーダーという立場から距離を置こうとする女性社員や若手社員。

本来は、こんなに簡単にタイプ分けをしてはいけないのかもしれません。ただ、それぞれが今までの企業のあり方、働き方、自分の暮らしとのバランスに悩みながら、それを当たり前だと受け入れてきた人、考えることを避けてきた人、心はすでに離れてしまっていた人がいるのです。

「真の自立」を始めた人たち

そうした人たちの中には、コロナ禍を経験し、これまでとは違う働き方、人との関わり方を体感したことで、今までの当たり前がすべてではないことを知り、自分の心の声と向き合い始めた人たちがいます。会社が言うから、仕事だからと割り切って働いてきたことに違和感や疑問が生まれ、自分が本当はどうしたいのかを考え始めた人たちです。

もしかすると、そうした人たちは「真の自立」を始めたのかもしれません。

経営や人事は、よく社員に「自立、自律」と言ってきましたが、それは企業社会の中で、自分で考え行動し、自力で成果を上げられる人という意味で使われてきました。でも、**本来の自立とは、自分の意思を持って、自分で判断して踏み出し、自分を正しいと思う方向に導くこと**。会社の中での自立ではなく、自分という存在自体の自立を始めたのです。

会社と、職場と、仕事と、いったん距離を置いてみたときに、本当にこの場所は自分を幸せにしてくれる場所なのか、本当にこの仲間と一緒に働きたいと心から思えているのか、本当にこの仕事が自分のやりたいこと、自分を心から動かしてくれるものなのかを考え始めてしまった。あなたもどこかでそんなことを考えるようになっていないでしょうか。

特にリモートワークを経験した人の中には、自分自身の人生設計、働き方を根本から見つめ直そうという人も多くいます。

家族との時間が増え、家事や育児の時間も持てるようになった。仕事一辺倒だった生活、家のことはパートナーにまかせっきりだった人も、実際に一緒にやってみるとその苦労も、楽しさも、大切さも実感できた。会社中心、仕事中心の毎日、それを当たり前だと受け入れてきた自分が本当にこのままで良いのかと思い始めた人もいます。

女性で頑張ってきた人の中にも、子どもを小さいうちから保育園に預けていることに後ろめたい自分がいたけれども、子どものそばにいることで、ちょっとした合間にも様子を見たり、世話をしたり、触れ合うことができる。その瞬間、心の負担も解放される。だからますます仕事も頑張ろうと思える。そんな話もよく聞きました。中には、実際に郊外に引っ越す、田舎に移住する、働き方を変える、自分に合った働き方ができる会社に転職するという人も出てきました。

コロナ禍で価値観や考え方がどう変化したか

コロナ禍はわたしたちに、本当はどんな生活をしたいのか、どう働き、どんな仕事をしたいのかを考え直すきっかけを与えたのではないでしょうか。

ジェイフィールが実施した「人・組織・コミュニティに関わるアンケート調査」の中で、「コロナ禍を経験して、あなたの中で価値観や考え方が変わったことはありますか」という質問もしています（図1－3）。

「自分の考え方や価値観に変化はない」と回答した人が31・4%と最も多かったものの、「仕事はお金や生活のためと割り切る気持ちが強くなった」25・7%
「もっと自分の時間や家族との時間を増やしたいと思うようになった」22・2%
「リモートワークでの働き方を中心にしたいと思うようになった」19・7%
と、この3つの回答が2割程度と他の項目よりも多くなりました。特に、30代では、この3つの回答が3割を超えて多くなっており、子育て世代でもあり、働く中核世代でもある30代が特に、働き方を変えたいという気持ちが強くなっている可能性があります。

逆に、次の3つの変化は他の項目よりも低くなっていました。
「リスクを恐れず、新しいことにチャレンジしたいと思うようになった」7・9%
「社会課題に関心を向け、より社会に貢献したいと思うようになった」6・3%
「より会社に貢献しようと思うようになった」5・7%
チャレンジしたい、周囲やその先の会社、社会に貢献したいという気持ちが高まった人は相対的に少ないのですが、ただ実際にヒアリングをしてみると、ボランティアやNPOに参加したり、地域の活動に参加したりするようになったという人も増えています。外の

図1-3. コロナ禍を経験したことで変化したこと

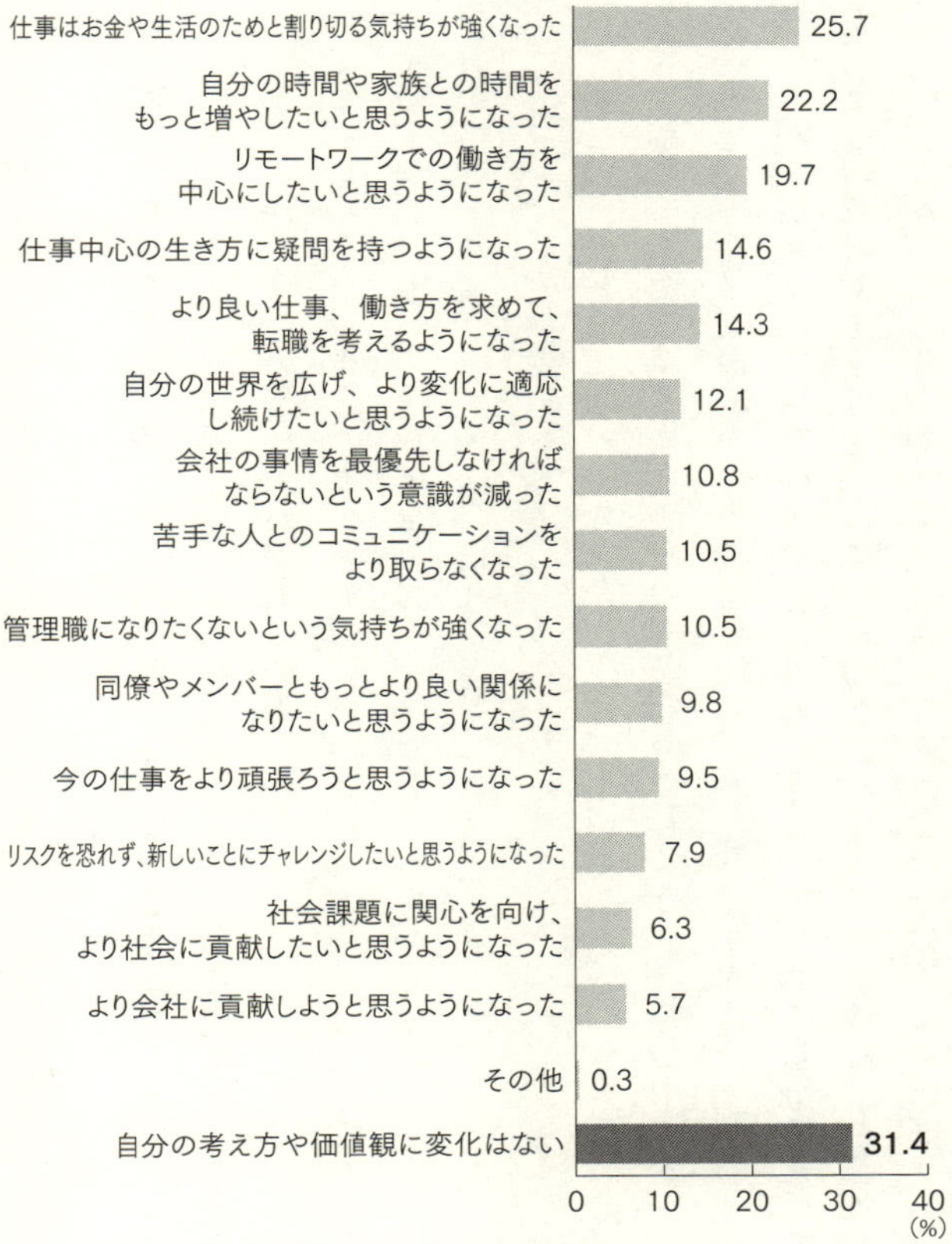

ジェイフィール「職場のコミュニケーションに関するアンケート」
（2024年5月N=315 複数回答）

世界との接点を持ち始めた人たちもいます。

コロナ禍はわたしたちに、多くの「問い直し」を突きつけたのだと思います。

職場とはどういう場所なのか、そこで一緒に働く意味はどこにあるのか、あなたは本当に何をしたいのか、会社に思い入れがあるのか……。

そもそも、あなた自身はどんな生き方をしたいのか。どこで誰とどんな暮らしをしたいのか。そう思ったときに、今いる会社は、職場は、あなたの人生を支えてくれるのか、今こそ自分の生きる場所、働く場所を自分の意思で見直すべきタイミングなのではないか……。

コロナ禍という異常な状態の中で、命、生きるということと向き合う時間は、一人ひとりにとって本当に大切な時間になったのではないでしょうか。心の中で蓋をして抑え込んでいた違和感が、距離を置いたことで溢れ出し、わたしたちが当たり前のように受け入れてきたことが、当たり前ではないと気づかされたとき、**はじめて自分の意思で自分らしく生きる、自分の意思で生き方を選択するという思いが生まれてきた**。それは、本当にすごいことなのではないでしょうか。やっと自分の人生を自分の手に引き寄せることができるようになったということなのではないでしょうか。

会社からのメッセージがもう届かない社員

こうして今の会社のあり方、企業社会のあり方に疑問や違和感を持っていた人たち、さらにコロナ禍で距離を置いて会社や仕事との関係を見つめ直すことになった人たちは、**今まで以上に会社からのメッセージ、会社の姿勢に敏感になっています。**

この会社は本当に自分にとって望ましい場所なのか、居続けたい場所なのかということを見極めようとしている人も増えています。

コロナ禍が始まった当初、会社による対応の違いが話題になりました。

すぐに健康と命が最優先だと言って、リモート勤務に切り替えた会社。逆に、売上をどう維持するか、むしろその確保のために社員にこれまで以上に働くことを強いた会社。

正規社員か非正規社員かによって、対応を変えなかった会社。お詫びも説明もなく、当たり前のように非正規社員をすぐに解雇した会社。

コロナ禍でも出社しなければならない社員への配慮、健康面でのフォローを徹底した会社。出社するのが当たり前の仕事だからと何もフォローしなかった会社。

家族のことも考え、出社するのは不安だと訴える社員がいても、あなただけ勝手を許すわけにはいかないと突き放した会社。一人ひとりの事情をしっかり聴き、話し合った会社。

会社の業績が悪いということで、社員の給与は下げたのに、上の人たちの給与はどうなっているのかわからない会社。経営者から社員までが一緒に痛みを共有した会社。


こうした会社の対応の一つひとつから、会社は社員のことを本当に大切な存在だと思っているのか、単なる業績を上げるための手段としてしか見ていないのか、会社の姿勢、会社の本音が見えてしまった。

そうなると、ますます社員は会社を客観的に見るようになる。この会社は何を大切にしているのか、働く人たちのことを何よりも大切に思ってくれているのか。その中でもどう乗り切ろうとしているのか、その変化に耐えられる会社なのか。その中で、社員よりも会社を優先している、経営の論理が優先されていると思ったとき、社員の心理的距離感が一気に広がったのではないでしょうか。

「声を聴かずに」会社の論理を当たり前のように優先する会社

アフターコロナ、コロナ後の会社の対応にも、いろいろな違いが出てきました。

コロナ禍が終わったので、全員出社に戻しますということが当たり前のように伝えられた会社。それに対して社員が不安、不満を言っても、会社が決めたことだから従ってくださいとだけ伝える人事や管理職。

逆にこれを機に、オフィスを最小限にして、どこに住むか、どのくらい出社するかも個々人の裁量に任せますということを明確にした会社。

急に人が足りないからと、一度切った非正規社員にお詫びもなく、再雇用しますという通知だけを送る会社。

全員出社にすべきか、逆にここで経験したことを受けてさらにリモートワークを進めるべきか、ハイブリッドワークという新しい働き方を見つけるべきか。何が正しいとは簡単にはいえません。

でも**このとき、社員の感情と向き合ったのか、社員にその意図を十分説明したのか。それでも事情を抱えている人、変えたくない人と、しっかり話し合ったのか。**

特にリモートワークをした人の中には、そこで自分らしい働き方、生活とのバランスのとり方が見えてきた人、それが前向きな気持ちを生んでいた人もいます。でもそれが一方的に廃止になり、自分の気持ちや事情には寄り添ってくれないと思ったとき、ますます心が離れていくという現象を起こしたのではないでしょうか。

一方で、ここでまた全員が出社して、顔を合わせることで、気づき合い、フォローし合える関係を取り戻したいという考え方は大切なことだと思います。**問題はその思い、必要性を、社員が受け入れる、むしろ自分たちも大切だと思えるかどうか**です。

コロナ禍をめぐる会社の対応は、**会社が、経営者が、社員をどれだけ大切にしているのか、社員の気持ちにどれだけ寄り添うことができる人たちなのかを判断するリトマス試験**

紙のようになっていました。それは今まであいまいな中で、それでも会社という存在から離れられないと思っていた人たちに、本当にそれでいいのかと問いかけるものになったのです。そして、多くの会社で、心が通わない一方的なやり取りが行われ、結果として心が離れていく社員を増やしていく。そんなことが起きたのではないでしょうか。

心が離れていく社員が増えていくことは、会社の存続にとって大きなリスクですが、逆に個人と会社との関係を根幹から変えていく大きなチャンスにもなります。

会社中心、仕事中心の人生を受け入れることで、主体性も創造性も失ってしまった人たちが、自分らしい人生、自分らしい生き方を探求する中で、仕事と会社との向き合い方を変えていく。**この仕事をする意味、この職場でともに働く意味、この会社をともにつくる意義を見出すことができたら、自分の人生にも仕事にも前向きな感情を持つことができる**ようになる。

でも、もしこのまま**なんとなく心が離れ、適度な関わり方をすることで自分を守る人ばかりになったら、どうなるのでしょうか。**日本企業はますます活力を失い、変化できずに、停滞、衰退へと向かうかもしれません。それは同時に、静かに関わり続けようと割り切った人たちの雇用と生活を奪うことにもなる。

わたしたちは今、冷静に仕事、職場、会社との関係を見直し、その中で**関わる人たちが互いに幸せになるための新たな論理を必要**としています。そこに真剣に、真摯に向き合えるのか、それが個人にも会社にも求められているのではないでしょうか。

第2章

なぜ、心が離れていく会社になってしまったのか？

日本企業が大切にしてきたもの

バブル経済崩壊以降、日本経済の成長率が鈍化し、停滞したままであることを指して、失われた30年といわれます。確かに世界の中で、日本は競争力を失い、世界をリードする企業が少なくなってしまいました。

ただ、失われたのはこうした結果としての成長や競争力なのでしょうか。日本企業がそうした停滞を続けてしまっているのは、もっと根幹にあった大切なものを見失ってしまったからなのではないでしょうか。

本章では、今の状況がなぜ生まれ、何を失ったのか。なぜ、活力も競争力も取り戻せないままになっているのかを明らかにしていきます。

バブル崩壊は「つながり」を断ち切った

わたしが新卒で入社した１９９１年は、バブル経済がまだ最後の盛り上がり見せていた時期でした。新入社員が入ってくると、職場だけでなく、本部全体で新人歓迎会を開催し、社員旅行に運動会、年末大忘年会など、ここで働く人たちと一緒に楽しむ、盛り上げるイベント、取り組みが数多くありました。会社は仕事をするためだけの場所ではなく、人生の大切な時間をともに過ごす場所であると実感できる瞬間がたくさんありました。

職場の先輩や上司との関係も、あたたかくも厳しい、メリハリのある関係でした。仕事をしているときは集中していても、合間に手を休めて、雑談をしていたり、気づくと真剣に議論していたり、休憩室に行くと他部署の先輩がいて、いろいろな話が聞けたり。自然と人と人とがつながり、それが学びや発見、刺激にもなっていたように思います。

確かに、残業は当たり前、深夜にタクシーで帰ることも日常茶飯事、休日出勤することもありました。でも、夜、残っていると、先輩だけでなく他部署の人も声をかけてくれる。ちょっとだけ飲みに行こうと誘われる。休日出勤すると仕事だけではなく自分の勉強をしている先輩もいて、普段聞けないような話をしてくれる。

これはわたしの経験ですが、バブル期までの職場を経験した人は、多かれ少なかれ同じような経験をしたのではないでしょうか。今ではブラック企業、互いの距離感が近過ぎて、若い世代からは拒絶されてしまう関係性なのかもしれません。だから、昔のほうが良かったというつもりもありません。

ただ、人と人とが自然とつながる中で、互いに刺激をもらい合い、学び合い、支え合う関係が確かにあった。仕事は大変だけど面白い、職場も人間関係で難しいこともあったけれど楽しい、会社もどこかみんなで何かを共有して頑張っていく場所、一体感の持てる場所。そんな感覚を自然に持てた人が多くいたのではないでしょうか。

ところが、バブル経済崩壊以降、企業社会は大きく変容しました。それまでみんなで相談、確認しながらワイワイ仕事をするのが当たり前だったのが、各人の仕事が明確になり、一人ひとりが自分の仕事を抱え込んで閉じて働くようになる。職場も楽しい場所だったはずなのに、上司や会社のプレッシャーの中で生きづらく、ストレスばかりを感じる場所になっていく。社員は家族だと語っていた経営者も、会社の業績を上げることばかりを語るようになる。気づくと、ともに働く仲間という感覚すら失われ、成果と貢献、仕事だけでつながるドライな関係に変わっていく。

確かに、バブル経済崩壊からの立て直しのためには、余剰人員、余剰事業、関連会社を見直して、最適な収益構造に転換することが必要でした。馴れ合いの関係を断ち、仕事の成果をしっかり出す関係に変わらなければ、再生できない日本企業も多くありました。

でもそこで、日本企業の根幹にあった、競争力の源泉でもあった**人と人、人と仕事、人と会社との間で自然に湧き出る「つながり」を断ち切ってしまった**のではないでしょうか。

日本企業には、人と人とのつながりを中心にしたシステムがあった

一橋大学の伊丹敬之名誉教授は、１９８７年に出版した『人本主義企業』（筑摩書房）の中で、日本の企業社会は、戦後40年で欧米の標準的な企業システムである「カネが経済活動の最も本源的かつ希少な資源と考え、その資源の提供者を中心に創り出した企業システム」とは異なる独自のシステムを構築したと言っています。

それは、**人が経済活動の最も本源的かつ希少な資源であり、その資源の提供者たちのネットワークのあり方を土台とする企業システム**です。すなわち、「資」＝カネとカネのつながり方にシステムの原理を求める「資本主義」ではなく、**「人」＝ヒトとヒトとのつながり方にシステムの原理を求める「人本主義」**という独自性のある極めて競争力の高い企業システムをつくりだしたというのです。

それは日本的経営と言って批判されてきた、終身雇用、年功序列、企業内組合という手法の話ではなく、より根源的な会社という場のあり方、つくり方について指摘をしたものです。伊丹名誉教授は、この資本主義に基づく企業システムと人本主義に基づく企業システムとの違いを3つの観点で説明しています。

1つ目は、企業の概念、すなわち企業は誰のものかということです。少なくともこの時期に働いていた人たちに、会社は誰のものかと問えば、「そこで働く人たちのもの」と答えるでしょう。会社を紹介するときは、弊社とあらたまって言うだけでなく、「うちの会社は」と自然に言っていたでしょう。

これが人本主義の根幹にある考えです。だからこそ経営者も含めた従業員が主権者になる。自分たちの会社だから自分たちで守る、自分たちで育てるという概念が生まれる。カネの提供者が主権者になるのが資本主義だとすると、ヒトという資源の提供者が主権者になるのが人本主義だと述べています。

2つ目は、シェアリングの概念、すなわち誰が何を分担し、どんな配分を受けるかということです。

資本主義に基づく企業システムは、能力と情報を持った人が、決定の権限を占有し、カネの配分も集中して行う「一元的」「集中的」なシェアリングをベースに置く。これに対して、人本主義に基づく企業システムでは、特定の人に情報や付加価値、意思決定が集中し過ぎないように「分散的」シェアリングを行っている。

つまり、経営者から現場まで、そこで働く人たちが主権者であるので、それぞれの範囲の中で主体的にコミュニケーションを取りながら、情報を共有し、あちこちで意思決定が行われ、分かち合いも起こる。これが人本主義に基づく企業システムの運営方法です。

3つ目は、市場の概念、すなわち企業同士はどうつながり合うかということです。

人と会社、会社と会社との関係を自由な取引が行われる市場と捉えるのか、そこに集う人たちとは共通の目的を達成するために協力し合う関係を築き、長期的かつ継続的な取引を行う組織的市場、共同体市場と捉えるのか。その違いです。

前者の資本主義のように、短期的な経済合理性だけで自己の利益を最大化することに主眼が置かれるのではなく、人本主義では共同体利益の最大化に向けて利害の調整はしばしば疑似的な権限関係に基づいて行われると言います。

日本企業が高度成長期を迎え、その後のグローバル経済の中でも独自性を放ち、世界の中で注目される企業が数多く存在したのは、年功序列や終身雇用、企業内組合があったからではなく、その背後にこうした**「人本主義」に基づいて企業運営、企業システムの独自性をつくりだしたから**ではないでしょうか。

そしてその背景には、欧米とは異なる人間観、企業観がありました。人をモノや取引の材料と見なすのではなく、**主体的に意思を持った存在として捉え、その人たちの協働から生まれる心的エネルギーが組織を動かしていく。**そこに主眼をおいてきたのが日本的経営の本質だったのです。

バブル崩壊以降、会社は社員に何をしてきたのか？

それがバブル経済の崩壊によって、人と人とのつながりを重視する経営の負の側面がクローズアップされます。人と人とのつながりを重視するがゆえに、馴れ合いの関係が生まれ、それがしがらみになり、意思決定をゆがませてきた。おかしなことを自ら正せない、無駄をなくせない、不採算事業や余剰人員を切ることができない。合理的な判断ができない経営体制、組織プロセスに問題があるとされたのです。

業績と管理が何よりも重視される経営へ

最初に問われたのは、会社は誰のものなのか、ガバナンスに関する議論です。日本の経営は所有と経営の分離がなされていない。経営者＝株主であり、経営者の判断が間違っていてもそれを監視し、辞めさせる仕組みが働かない。だから、会社がブラックボックス化する。所有者である株主と経営との役割を明確に分ける必要がある。そのために、社外取締役の導入、指名委員会や報酬委員会の設置などを通じて、取締役会が適切に機能するようにし、コーポレートガバナンスを強化する。こうしたことが求められるようになります。

次に問われたのは、そのときに何を管理するかです。株主の目線でいえば、合理的な判断が行われ、業績が高まる経営が行われているか。その結果、株価も上昇し、適切な配当が還元されるような会社になっているかを厳しい目で管理するという考え方になります。

そのためにまず、人、事業、グループ会社を無駄に抱え込んでいないか、グループ企業や関連企業でも適正な価格で取引されているのか、各社がしっかりと利益を出し、株主に還元しているのかが問われるようになります。

さらに、合理的な経営管理の仕組みも導入されるようになります。KPI、EVA、バランススコアカード、成果主義など、会社はそれまでの甘い管理から脱することが必須であると、米国型経営管理の仕組みをグローバルスタンダードとして受け入れたのです。

バブル経済崩壊以降の経営の変化

- コーポレートガバナンスの体制面からの強化
- 馴れ合いの関係を断つ、抱え込み経営から抜け出すためのリストラ
- 株主価値、短期利益の追求
- 組織の簡素化、フラット化（役職の削減）
- 非正規社員の増加、非正規比率の増大
- 間接部門のアウトソーシング、別会社化
- 個々人が成果を出す、数字で結果を図る
- サービス残業の恒常化
- 成果主義に基づく評価制度

株式市場からの信頼を失った日本企業は、早急に業績を回復させ、自らの経営が明確な基準に則って運営されていることを示さなければならなかったのです。**透明性と客観性を高める構造改革は、避けて通れない道でした。**それでも過去のしがらみや馴れ合いの関係を断ち切ることは難しかった。そこで**グローバルスタンダードという否定できない論理を**

盾に、社員の感情に寄り添うことなく、改革を押し進めたのです。

従業員主権という意識は失われた

社外取締役や株主が、経営に対してＮＯを突き付けることができるという仕組みは、しがらみを断ち切るためにも、経営を健全化するためにも必要でした。ところが実際には社外取締役も知り合いで固められ、新たな馴れ合いの構造をつくってしまったところもあります。また株主の中にも、会社の未来に共感し、応援のために投資をしている人と自己利益のためだけに投機を繰り返す人とが混在していきます。ところが、その実態は見えない。だから、企業は株主全体を重視する経営を行っているという姿勢を示さなければならなかったのです。

従業員の手の離れたところで、従業員が踏み込めない仕組みが次々につくられていく。その結果、従業員と会社との間を明確に分ける「太い線」が引かれてしまった。

コーポレートガバナンス、株主価値経営という言葉は、社員は会社をつくる主体ではなく株主や会社の利益のために働く存在なのだという意識転換を迫ります。自分たちの会社が、誰かの会社になる。よく知らない株主という人たちの利益が優先される。

でも、実際には株主が経営を決めているわけでもないのに、経営者は株主が求めているという建前で短期業績ばかりを追求する経営に変わっていく。**この会社は誰の会社なのか、この会社を本気で運営している人たちは誰なのかがわからなくなる。少なくとも従業員主権という考え方が失われ、社員の主体的な参画意識も失われていく。**

そこで大きなリストラ、構造改革が起こる。これまで同じ正社員だった人たちが、グループ会社やアウトソーシング会社として切り出され、給与体系が大きく変わる。採用が抑制される間に、非正規社員が増え、同じ仕事をしているのに待遇が違う、扱いの違う社員が増えていく。社員はいつの間にかコストと見なされ、会社の業績のための調整弁のように扱われていく。そこに新たな格差が生まれ、同じ職場で仲間だと思っていた人たちとの間に触れられない溝を次々につくっていく。

さらに、組織の無駄を省くという名目で役職者を減らす動きも加速する。それまでいた次長、課長補佐、係長というポストがなくなり、組織はフラットになる。フラット化自体は良いことのようにも見えても、目的はコスト削減。管理職になる人を絞り込み、適さない人は一般社員という扱いに戻すこと。管理職は各職場に一人だけになる。すべての責任はその管理職が負う。

社員はコスト削減のためにも残業時間を減らすことを求められる。でも成果は出さなければならない。実際には残業代を請求できない暗黙のルールの中で、サービス残業をする人が増えていく。それでも、過剰な残業は許されなくなる。だから社員が対応しきれないことは、管理職が請け負う。管理職が残業請負人のようになっていく。

しかも管理職には残業代が出ない。コスト増にはならない。実際には管理職といっても、一般社員と同じ自分の担当業務を持ったまま、部下が対応しきれない業務も引き受けていく。部署の成果の責任を負うのが管理職の役割になっていく。こうした実際には社員と変わらず、それ以上の負担を一身に背負っている「名ばかり管理職」が増えていく。

こうした状況に置かれたら、精神的に追い込まれる人が増えていくのも当たり前なのではないでしょうか。メンタル不調をきたす人たちが増え、ストレスがパワハラに変わる上司も増えていく。そこにあったはずの信頼関係は失われ、互いが自分を守るために攻撃的、防御的になる。相手の状況が見えない中での配慮ないやり取りが互いの関係性をますます希薄なものに変えていく。こんなことが、多くの職場で起きてしまったのです。

バブル後の改革は、どのような企業体質をつくったのか

こうした痛みを伴う改革をした結果、会社は社会からの信頼を取り戻すことができたのでしょうか。確かにバブル期前に比べれば、経営の透明性や客観性が表面上は高まり、業績指標をもとに経営の健全性を的確に説明する企業も増えたと思います。

一方で、企業体質が悪化し、それが不正や不祥事を生んでいる企業もあります。食品偽装、粉飾決算、巨額損失隠ぺい、リコール隠し、データ偽装、情報漏洩、横領など、社会の信頼を裏切るような事例が後を絶ちません。

予算達成、業績拡大を最優先し、品質や安全をないがしろにしてしまう。表面的に適切な経営、事業を行っていると取り繕うために、不利益になることを隠そうとする。

そこに**気づいている社員がいても、声を上げない、声を上げられない。自分が職を失うことにならないように、黙って従う。気づくと不正に加担してしまう、傍観者になってしまう。**そんな企業体質をつくってしまった会社もあります。

不正や不祥事が表面化していなくても、社員の感情に寄り添うことなく改革を推し進めた企業では、まさに社員と会社との間に大きな溝ができてしまった。会社への信頼、社員への信頼が持てないまま、互いに批判することも、話し合うこともなく、経営者はますます社員の声に蓋をして、株主や社会の要請に応えるためにさまざまな施策を推し進めていく。それを黙って受け入れることしかできない社員になっていく。

今、あらためて問わなければならないのは、こうした一連の改革を推し進めた結果、どのような企業体質、企業文化をつくったのかということです。

経営が株主中心、会社中心の論理で現場に改革を強いる、それを黙って受け入れるしかない社員という構造をつくりだしたのか。経営と社員が一緒に危機を乗り切るために、顧客や社会に何を提供し、どういう存在になるかを一緒に考える文化をつくりだしたのか。

社員とのつながりを断ち、もの言えない社員をつくり出してきた企業になっているのか、根幹にあった人と人とのつながりを捨てず、社員と向き合い続けてきた企業になっているのか。

あなたの会社はどちらの会社に近いでしょうか。

この数十年で社員も経営者も委縮した

バブル崩壊以降、わたしたちはどんな会社をつくってしまったのでしょうか。職場や会社という場所は、どのような場所に変わってしまったのでしょうか。

- 会社という場所は売上と利益を追求するばかりの場所
- ともに働く場所ではなく、個々人が成果と時間に応じて報酬を得るだけの場所
- 同僚は仲間というよりも、仕事を受け渡していく相手

●希薄化する関係性、協力し合えない職場
●新しいことを生み出せない、目の前の課題に追われる人たち
●変化することを避ける、柔軟にチャレンジすることができない職場
●主体性と創造性を失う人たち、イノベーションを起こせない組織
●世界の動きから遅れていく、でもそれを感じることも意識することもできない組織

バブル崩壊以降、その立て直しのプロセスの中で、日本企業は人と人とのつながりを土台につくられてきた独自の経営システムを変えていきました。それは社員という存在を、会社をともにつくる仲間から、会社の業績を上げるための手段、資源に変えていくこと。

その結果、そこにあった「わが社」という感覚が失われ、目の前の仕事に忙殺される場所としか受け止められなくなる。そこにはもう前向きな感情も、一緒に何かを乗り越えていく感覚も持てなくなる。そんな現象を引き起こしたのです。

さらに、そこからは前向きな取り組みも、健全な危機感も生まれてきません。外の世界とは切り離された内の世界でしかモノを考えられなくなる。世の中で起きていることを自分に引き寄せ、解決に向けて自分から動き出そうとする意欲も持てなくなる。こうした人

たちを再生産する仕組みを、多くの日本企業はつくりだしてしまったのではないでしょうか。

働く人たちに広がった心理

- 目の前の仕事、自分の仕事だけを淡々とこなしていく意識
- 日常のストレスに耐える、我慢する、避ける
- 余計なつながりはストレスになるのでつくらない
- 余計なことはしない、効率の悪いことはしない
- 周囲は頼りにできない、頼ってはいけない
- 自分以外の仕事には触れない、関わらない
- 状況は変わらない、良くならないというあきらめ
- ソコソコで良い、ソコソコが良いという感覚
- 感情や思いを持たない、心に蓋をする
- 希望や期待、未来への想いは持たない、持っても仕方ない

あなたの周囲、あなたの会社に、こうした人が多いという感覚はありますか。

実際にはみんな心にどこか蓋をしているので、本当は仕事への思いや周囲との関係を何よりも大切にしている人もいるでしょう。でも、会社が社員と距離を置き、そこに仲間や家族という感情でつながる関係から、コストや仕事という契約だけでつながる関係に変わったとき、ある種の割り切りが生まれたのではないでしょうか。

会社という場所はそういう場所なのだから、目の前の仕事、やるべきこと、求められていることだけに集中すればよい。それ以上関わっても無駄、むしろ自分に余計な負担がかかるだけ。だから周囲とも、上司とも一定の距離を置くほうがよい。

やっても無駄ということを繰り返すとそれを学習して、無気力化していく。そんな現象が起きてしまったのではないでしょうか。

経営者も会社を守るために必死だった

では、経営者はこうした状態の中で、どのような気持ちでいたのでしょうか。

経営者は何も、社員との関係を断ち切りたいと思ったわけではありません。むしろバブル崩壊以降、会社を立て直すことに必死でした。事業の存続、会社の存続のために、リストラや非正規化などを進めなければならなかった会社も多くあります。さらにここで株主主権の考え方が入ってきて、経営者が株主への利益還元を意識した経営をすることが当たり前になっていきます。

伊丹敬之名誉教授は『漂流する日本企業』（東洋経済新報社）の中で、大企業の設備投資額と配当額を比較しています。２００１年時点では設備投資が20・４兆円、配当が３・１兆円と、設備投資額の方が７倍近く上回っていたものが、２０２１年には設備投資は21・２兆円、配当は22・２兆円と、配当額が設備投資額を上回るという逆転現象が起きています。会社の未来に投資をすることよりも、短期利益を求める株主に還元することを重視してきた結果だと指摘しています。さらに、設備投資額自体が20年間でほぼ同じであるということからも、経営者が新たなチャレンジすることに足踏みしていたことがわかります。

その結果、日本は世界の中で競争力を低下させた国になってしまいました。第１章でも紹介しましたが、ＩＭＤ（国際経営開発研究所）が時系列で調査している『世界競争力年鑑』というレポートがあります。各国の競争力を経済状況、政府効率性、ビジネス効率性、インフラという4つの区分、333の指標（統計データとアンケートデータ）で比較分析するものです。

日本は、バブル期、1992年まで世界1位でした。バブル崩壊が始まった後も、1996年までは4位と高い位置につけています。ところが山一証券が自主廃業に追い込まれた1997年に17位に落ち込み、2018年まで20位台、2019年からは30位台に落ち込み、2024年では67か国中38位になっています（図2-1）。

その中でも最も落ち込みが大きく、指標が悪化しているのがビジネス効率性なのです。生産性・効率性は58位、取り組みと価値観は57位、経営プラクティスは65位となっています。生産性は、時間当たりGDPやデジタルツールの活用度などを指し、日本全体が新しい分野、新たな収益性の高い分野で成長していないことが大きな要因になっています。取り組みと価値観も、海外に開かれた文化、変化への人々の柔軟性や適応性の低さ、さらに経営プラクティスでは企業の俊敏性、マネジャーへの信頼度、女性活躍推進などの低さが影響しています。

図2-1. 主要項目別の日本の競争力順位の推移

	2016	2017	2018	2019	2020	2021	2022	2023	2024
1. 経済状況	18	14	15	16	11	12	20	26	21
1.1 国内経済	15	10	11	21	9	8	27	27	5
1.4 雇用	7	5	5	4	2	2	2	5	6
1.5 物価	54	57	55	59	59	61	60	57	55
2. 政府効率性	37	35	41	38	41	41	39	42	42
2.1 財政	59	61	61	59	61	61	62	62	64
2.4 ビジネス法制	28	25	31	31	35	34	36	38	40
3. ビジネス効率性	29	35	36	46	55	48	51	47	51
3.1 生産性・効率性	42	48	41	56	55	57	57	54	58
3.2 労働市場	34	28	30	41	45	43	44	44	51
3.3 金融	15	19	17	18	18	15	18	17	19
3.4 経営プラクティス	27	45	45	60	62	62	63	62	65
3.5 取り組み・価値観	36	40	39	51	56	55	58	51	57
4. インフラ	11	14	15	15	21	22	22	23	23
4.3 科学インフラ	2	2	5	6	8	8	8	8	10
4.4 健康・環境	15	12	7	8	9	9	9	8	12
4.5 教育	35	36	30	32	32	32	38	35	31
トータルランキング	**26**	**26**	**25**	**30**	**34**	**31**	**34**	**35**	**38**
調査国数	61	63	63	63	63	64	63	64	67

IMD（国際経営開発研究所）「世界競争力年鑑（World Competitiveness Yearbook）」より作成

日本企業がバブル崩壊以降、柔軟に変化することを拒み、新たな取り組み、新たな価値を生む分野に進出することなく、目の前の生産性にとらわれているうちに、大きく競争力を低下させてしまったとみなされているということです。

これらの指標には、統計的なデータに加えて、経営者へのアンケートデータも含まれています。特に経営プラクティス、すなわち人と組織のマネジメントに関する項目は、経営者自身が自らの経営に自信を持てない、悲観的に見ていることが大きく影響しています。

経営者も変化できない主体になった

つまり、委縮したのは社員だけではないということです。経営者も見えない株主に短期的に還元することばかりに意識が行き、当面赤字を出してでも未来へチャレンジするような投資へ踏み出す勇気は持てない。そうしているうちに、経営者自体が変化を拒む、変化できない主体者になってしまった。そんな会社も数多くあるのではないでしょうか。

経営者も含めて従業員主権だった日本企業は、本当はそこまで経営に影響力がない株主であったとしても**形式的な株主主権に変わったことで、自ら主権者としての意識を手放してしまった。それは社員だけなく、経営者も同じなのではないでしょうか。**

厳しい見方なのかもしれません。経営者の中には本当に会社をよくする、社員を守るために頑張ってきた人も多くいます。でも逆に、経営者一人がそう思っていても、それだけでは動けない会社が増えたことも確かです。目の前の成果を追い続けた人たちが経営層に上がり、自分が経営リーダーになっても、短期収益ばかりを追う。それが会社を守ることだと思ってやり続ける。その結果、日本は世界の変化から取り残されてしまったのです。

組織に広がる「見えない壁」

人の心が会社から離れ、自分の仕事に閉じこもり、仲間との関係性も希薄になっていく。そんな環境の中で働き続けてきた人たち。気づくと、経営者から社員までもが、どこか自分の殻に閉じこもってしまった。その結果生まれたのが「不機嫌な職場」です。

不機嫌な職場では、「壁」は見えていた

2008年、仲間と一緒に『不機嫌な職場』を出版した当時は、職場の中にまだ感情が交流していました。自分の殻に閉じこもる人たちが増えたことで、仕事の連携がうまくいかない、協力し合えない、誰もフォローしてくれない……。そんな職場になったことで、「ギスギス感情」や「冷え冷え感情」が組織全体に広がっていきました。仕事上の壁がコミュニケーション不全を起こし、負の感情の連鎖を起こしていきました。

ところが、この状況が変わらない職場では、いつの間にか、負の感情すら交流しなくなりました。本当はどう思っているのか、何を考えているのかがわからない。どうせ何も変わらないとあきらめていく社員が増えていく。

そんなモヤモヤした感情が広がる中でコロナ禍になり、ますます互いの感情が見えなくなる。もしかすると相手は違うことを考えているのかもしれない、自分とは相容れない考え方や価値観を持っているのかもしれない。そう思うと、本当はそこに壁があるのかはわからないけれども、大きな壁があるように感じてしまう。これが「見えない壁」です。

組織の中にどのような「見えない壁」が広がっているのか。いろいろな企業で起きていた事例をもとに、見えない壁の正体が何かを探っていきましょう。

雇用形態の違いが生み出す壁

最初に見ていくのは、雇用形態の違いからくる見えない壁です。

バブル経済崩壊以降、コスト削減のために、正社員採用を抑制し、非正規社員、派遣社員を増やすという動きを強めました。それまでも総合職ではなく、一般職という形で処遇も異なる女性を中心にした事務系職種がありました。そうした人たちの採用をなくし、徐々に減らしていく中で非正規社員に切り替えていったところもありました。

非正規社員という正社員とは異なる扱いをされる限定した範囲の中で働く社員。時間をコントロールしながら働きたい人にとっては、選択肢として良い面もありました。しかし、就職氷河期世代などの中には正社員になれないために仕方なく、派遣社員や契約社員として有期雇用で就職する人も出てきました。

正社員の人たちはそういう人たちを見て、どう思ってきたのでしょうか。同じような仕事をしているのに、立場が違う、扱いが違う。派遣社員や契約社員は、社員証、バッジ、ストラップの色などが違う。だからすぐにわかる。

彼らが望んでいるのか、仕方ないと思っているのかさえよくわからない。だから軽はずみなことは言えない。そう思うと、その人たちのことを職場の仲間として同じように受け入れてよいのかわからなくなる。中には歓迎会もしない、職場の中でも本人の名前すら呼ばず、「派遣さん」と呼ぶ人も出てくる。

実際に、非正規社員の人に歓迎会をしようとして、「わたしはそういうのは必要ないので」と断られたという話もありました。でも、その背景にある本心を聞くことはできない。だから、どこかで距離を置いてしまう。そんなことが起きた職場も数多くあります。

管理職と一般社員の間に引かれる壁

同じように、線を引かれたという意味では、管理職かどうかという線です。それまで管理職は一般社員、主任、係長とステップアップする中で、徐々に自分だけの仕事から周囲のための仕事、組織全体の仕事へと目線が上がっていくプロセスがありました。ところが係長という中間的な役割や、課長補佐、次長といった管理職の補佐的な役割がなくなっていく。課長だけが組織全体を見る人として位置付けられ、他の人たちとは異なる立場に置かれる。

人事部長が新任管理職研修の冒頭の挨拶で「あなた方は今日から社員ではなく、会社の立場に立つ人間です。会社の業績を上げるために、社員を上手く動かし、成果を出していくことがみなさんの役割です。経営側の人間になったということを意識してください」と語る場面に何度も遭遇しました。管理職になれば残業代も出ない、会社のために自己犠牲もやむなし。それだけの責任を担う人たちなので、頑張ってくださいというのです。

どれだけの人がそこでやる気が出たのでしょうか。中間的なプロセスもなく、自分の仕事を抱えたまま組織成果に責任を持つ人。それを補佐する人は誰もおらず、孤立して、抱え込んで、残業代も出ず身を粉にして働く人。部下から見ると、きちんと向き合ってくれない、しっかりフォローしてくれないという不満もありながらも、その忙しさ、負担の大きさもわかる。そういう管理職を見て、若い人たち、女性たちは特に、管理職になりたくないという。自分たちとは違う人、そこに触れないようにした方がよい人。そう思って、線を引いてしまう。

働き方の違いが生み出す壁

次に起きたのは、働き方の違いによる見えない壁です。

働き方改革の流れの中で、時短勤務の人たちも増えていく。特に小さな子どもをもつ女性たちにとっては、保育園へのお迎え時間を考えるとそうせざるを得ない人もいる。でも、実際にそうした苦労や大変さが、まわりの人に見えているわけではない。いつも挨拶もままならないまま、お先に失礼しますと帰ってしまう。すると周囲から不満が出る。なぜその分の仕事を周囲がカバーしなければならないのか。なぜあの人だけ優遇されているのか。でも本人に直接言うことも違うと思い、言わない。そうしたモヤモヤがまた互いの距離感を広げてしまう。

誰もが子育てや介護、本人の健康問題などで、時短で働くなど柔軟な働き方をしなければばならなくなるかもしれない。だから今、そのフェーズにいる人を助けることは将来の自分に返ってくる。そう思えば、自然と受け入れられるものなのかもしないのに、みんなが目の前の仕事に追われ、短期成果を求められる中で、そんな先のことは考えられない。さらに目の前の人と長い付き合いになる人なのかどうかもわからない。そこまで深い関係になれない人もいる。そうなるほど、働き方や処遇の違いが不公平だと感じるようになる。

さらにコロナ禍になって、オンラインで働く社員とリアル出社社員という違いも生まれた。設備やシステムが必要な仕事をする人たちは、実際に会社に行かなければ仕事にならない。そういう人たちと、自宅のパソコンで作業し、メールで指示をすることで仕事が回っていく人たち。特に今まで現場に行って直接やり取りしていた人たちほど、自分たちがメールだけでやり取りをしていることに申し訳ないという気持ちになるのだと言います。だからつい遠慮してしまい、コミュニケーション自体が減ったという人もいました。

こうした働き方の違いが生み出す見えない壁は、互いの背景や事情がわからない中で、相手への不満も遠慮する気持ちも口にできない人たちを増やしてしまう。触れないまま表面的なやり取りになってしまうことで、その距離感をさらに広げてしまいます。

根幹の価値観の違いが生み出す壁

そうした中で、根幹にある価値観の違いが見え隠れして、それがまた互いに踏み込めない関係性をつくっていく。そうした現象も起きています。

1つ目は、ジェンダー間、男女間の違い。特に企業社会の当たり前は、男性がつくってきたもの。仕事中心、会社中心で考えることが当たり前。自分の仕事は自分が責任を持ってやり切るのは当たり前。できなければ残業してでも最後までやり切るのは当たり前……。こうした働き方の当たり前は、子育てやいろいろな事情を抱えている女性たちからすると、無理を強いられることになる。

また、最近は減ったとはいえ、女性は補佐的な仕事をしてもらうほうが本人にとっても良いという考え方がどこかにある人もいる。女性は管理職やリーダーの立場は望んでいないと、男性の経営層が勝手に決めつけていて、実質的に仕事の範囲を狭めてしまっていることもある。こうした女性だから、男性だからという目線で線を引いてしまうアンコンシャスバイアスが組織全体になんとなく広がっている。日々の言動の中で見え隠れしてしまう。そうした考え方、価値観が、互いへの本当の理解を妨げてしまいます。

さらに世代間の違い。いつの時代も「最近の若手は……」「おじさんは古い」など、互いの考え方や振る舞い方、接し方を見て、理解できないという論調は出てきます。

特にベテラン社員、管理職層からすると、最近の若手がすぐに「この仕事は何のためにやるんですか」「なぜわたしがやらないといけないんですか」「マニュアルとか手順書があるなら、きちんと最初に教えてください」「無駄なことはしたくないので」「残業はしないので時間になったら帰ります」などと言い、周囲の状況に関係なく、自分は自分なのでという振る舞いをされると、戸惑ってしまい、どう返してよいのかわからなくなるという話がよく出てきます。

「目的や意味を問う前に、まずはやってみることが大事」「マニュアルや手順書よりも、自分で試行錯誤しながら実地で覚える方が身につく」「一見無駄なことでも、それを積み上げることでいろいろなことが見えてくる」「仕事の責任感が何よりも大事、残業してでもやり切るのが当たり前」……。

こんな価値観で育ってきた世代からすると、若手の言葉が甘えているように聞こえ、自分のことしか考えないわがままのように聞こえてしまう。でもそこで強く言えない、否定できない。それこそパワハラだと思われたらどうしようと思うと、曖昧にしか返せない。そのうち、受け答えするのが面倒になり、難しい若手とは距離を置こうとする。こんな上司も珍しくありません。

若手だけでなく、50歳後半の役職定年者や60歳になった嘱託社員、一見やる気をなくしたように見えるベテラン社員など、世代が違うからどこか気楽に話せず、気持ちを聞けない人たちが職場にいると、周囲も腫れもののように扱ってしまう。本人も孤独感を募らせ、本当の気持ちを押し殺して、黙って働き続ける。

こうした世代の違い、世代による境遇の違いが、どこかで理解し合えない、触れられないという意識を生んでしまうと、そこにまた見えない壁ができ上がってしまうのです。

壁を感じるから、関われない、本音が言えない

このように、見えない壁が自分のまわりに次々に生まれているからこそ、本来であれば行き違いや誤解が起きないように、互いを知る、対話をすることが必要です。ところが、実際には状況もよくわからないし、感情も見えてこない。だから、触れられない、関われない、安心して本音を言えないという現象が起きてしまう。

職場で本音を話せる相手がいるのは少数派

第1章でも示したジェイフィールが実施した「人・組織・コミュニティに関わるアンケート調査」の中で、こうした身近な人たちとの関係性を聞いていますす（図2－2）。

最初に検証したかったのは、同期や同世代、先輩、後輩、部下、上司、経営層、人事担当者などの中で、本音で話せると思っている相手がどのくらいいるのか、逆に壁を感じて

いる相手は誰なのかということでした。

「安心して話せるし、本音も話せる」相手としては、同期・同世代が多かったものの、31・6％に過ぎないという結果になりました。同期・同世代に対して「安心して話せるが、本音は話せない」が39・6％と最も多く、「安心して話せない」と回答した人も20・0％いました。つまり、**6割の人は本音で話せる相手がいないと明確に答えている**ということです。

しかも20代では特に、同期・同世代に対して「安心して話せるが、本音は言わない」が46・5％とさらに高くなっており、先輩に対しては55・3％と全年代平均よりも10ポイント以上高くなっていました。20代は別の設問で、「人と接すること自体が苦手である」「干渉されたくない、踏み込まれたくない」「会社の人と必要以上の関わりを持ちたくない」という回答が2割を超えており、身近な人でも上手く関われない、むしろ距離を置こうとしている人がかなり多くいることがわかります。

上司に対しては、「安心して話せるし、本音も話せる」が18・4％、「安心して話せるが、本音は言わない」38・7％、「安心して話せない」38・4％と、8割弱の人たちが本音は言

図2-2. 次の相手は安心して、本音を話せる相手ですか？

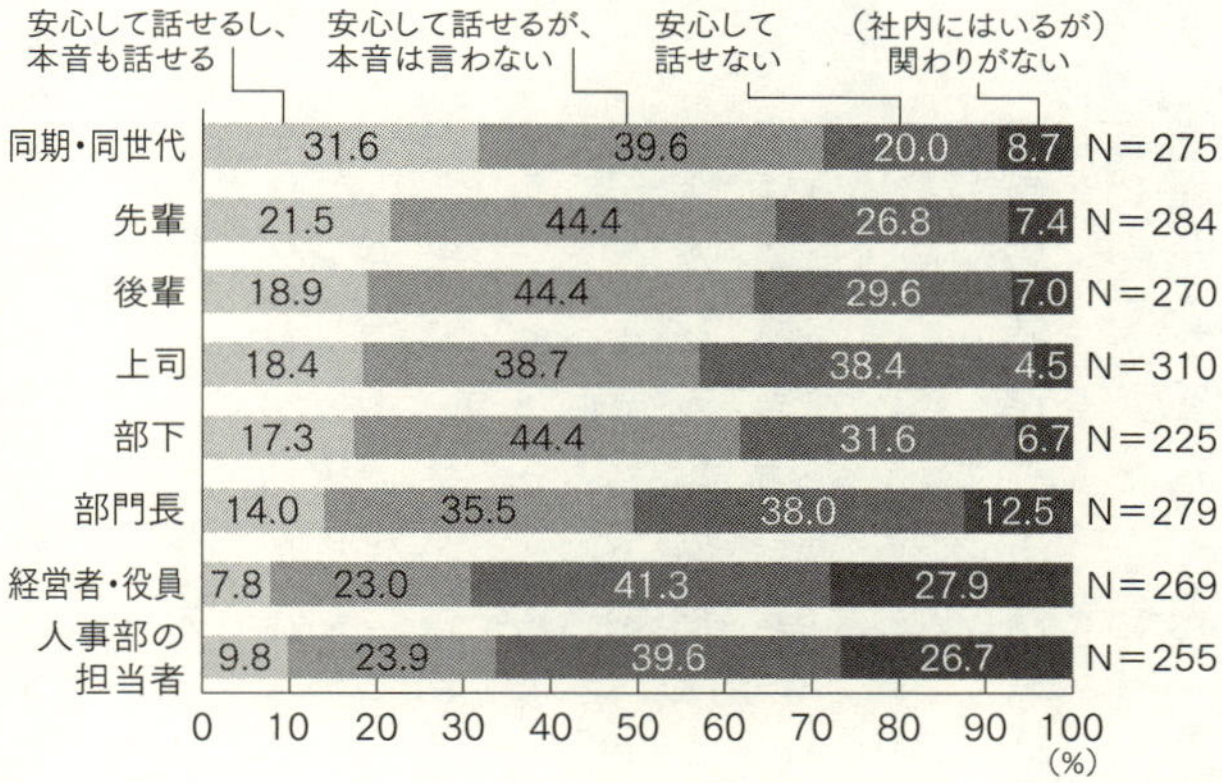

（注）「対象者がいない、自分がその対象者に該当する」という回答を除き、構成比を算定。
ジェイフィール「人・組織・コミュニティに関わるアンケート調査」（2024年5月　N=315）

えない相手だと感じています。逆に部下に対しても、同様に「安心して話せるが、本音は言わない」44・4％、「安心して話せない」31・6％となっており、部下が本音で話せる相手だと思えていない上司が4分の3になっています。

上司と部下の関係なのだから、本音で話すのは難しいと考えるのは当然のようにも思えます。でもそれでは、本当に困っていることや悩んでいること、変えたいこと、止めたいことを誰も口にしない、話をしない、互いに大切なところは避けてしまっている状況です。つまり、**上司と部下の間で本音が言えないということは、正しい情報と解決に向かう感情が共**

有できないということでもあります。

さらに、経営者・役員に対しては、そもそも「関わりがない」と回答する人が27・9％います。年代別に見ると特に30代では「安心して話せるが、本音は言えない」が31・9％、50代では「安心して話せない」が50・6％と全世代平均より多くなっています。30代になると接点がある中で、本音では向き合えない、50代になるとさらに身近な存在になる中で、むしろ安心して話せない相手になっていくということが起きているのではないでしょうか。

また、人事部の担当者への意識も聞きました。ここで顕著に出たのは、40代、50代で「安心して話せない」人が50％程度いるということでした。人事部との関わりが減るだけでなく、実際に人事部を信用できないと思っている人が管理職層、ベテラン層に多くいることが推察できます。

社員の4割は、上司にも経営層にも心理的壁を感じている

さらに心理的な壁を感じる度合いも聞いています。心理的壁を「強く感じる」「感じるこ

とがある」を合わせた回答ですが、やはり一番多かったのは上司で39・7％、次いで経営者・役員が39・0％、部門長が37・3％となりました。

上司に心理的壁を感じる理由として、「高圧的であったり、難しい相手だと思うから」が33・0％、「前提や考え方が違うと思うから」「価値観や感覚が合わないと感じるから」がともに32・5％、「本音が見えない、信用できないと思うから」が29・3％と多くなっていました。

経営者・役員に心理的壁を感じる理由としては、「話す機会が少なく、よく知らないから」が34・3％と最も多く、「価値観や感覚が合わないと感じるから」「高圧的であったり、難しい相手だと思うから」「本音が見えない、信用できないと思うから」「前提や考え方が違うと思うから」「人柄や人となりがよくわからないから」といった回答がすべて2割強となっています。

上司は身近な存在でありながら、前提や考え方が違う、価値観や感覚が合わない存在だと思われており、経営者・役員はそもそもどういう人だかよくわからないがゆえに、いろいろな違いを感じさせる存在になっている。
同期や同世代という身近な存在、先輩や後輩という関係の中でも、本音を言えないと感じている、安心して話せないという人がかなりいます。上司や経営層・役員はますます根幹の部分で相容れない、違う存在であると定義されつつあります。本当にこの距離感のままで、エンゲージメントを高めようといっても根幹でつながっていくことができるのでしょうか。

そもそも組織には、いろいろな壁が存在します。**その壁が、組織の流れを悪くし、時には組織の流れを分断させてしまいます。**本来はそうした壁をなくし、組織全体に良い流れ、良い循環をつくりだすのが、経営の役割であり、マネジメントの役割のはずです。しかし、実際にはその壁をより大きな壁にしたり、さらに流れを悪くする新しい壁を生み出したり、それを放置してしまったりしている。その結果、お互いに理解し合えない、触れられない、踏み込めない領域を増やしてしまった。それがバブル崩壊以降の会社がやってきたことなのではないでしょうか。

「見えない壁」から「静かなる分断」へ

組織行動学者であるエイミー・エドモンドソン教授が１９９９年に出した論文「Psychological Safety and Learning Behavior in Work Teams」で広まっていった「心理的安全性」という概念があります。チームにおいて、「他のメンバーが自分の発言を拒絶したり、罰を与えたりしない」という確信を持っている状態、対人関係にリスクのある行動をとったとしても、メンバーが互いに安心感を共有できている状態と定義をしています。「素直になることが許されるという感覚」とも言っています。

あなたの職場で「声」を出せないのは、本当に「心理的安全性」の問題なのか？

この概念をもとに、職場の中での心理的安全性を高めようという取り組みを行ったところもあるでしょう。ただ、エドモンドソン教授の言うように、無知や無能、邪魔をしている、ネガティブだと思われる、そういった自分に不安があるから話せないという心理が強いからなのか、異なる価値観、考え方の相手と対峙することで、余計なストレスを抱えたくないから話したくないという心理が強いからなのか、本当はどちらが起きているのでしょうか。

前者の場合は、本来は言いたいことがあるけれども、それが言えない人たちが前提です。一方で、後者の場合はそもそも言いたいことを言わないほうがよい、そのほうが波風立てず自分を守れると思っている人たちが前提です。

これまでの調査データからわかるように、日本の職場で起きているのは、明らかに後者の心理です。もともと人の気持ちを先に考えてしまう日本人の特性が、周囲への配慮や遠慮もあり、余計なことを言わないように我慢し、おかしいと思っても口にしない、事を荒立てない。そこでストレスを感じるようなやり取りはしたくない。違和感があっても、蓋をしたまま表面的なやり取りをする。そうやって自分を守ってきたのではないでしょうか。

こういった心理が根幹にある中で、コロナ禍を経験した。ますます他者の心理が見えなくなる。余計なことは言えない、聞けない気持ちが強くなる。しかも、働き方の価値観や仕事への姿勢も多様化していく。仕事や仲間、会社との距離感の違いが見えない。だから、ますます触れられない、踏み込めないと思うようになる。静かに距離を置き、静かに分断が広がっていく。

「静かなる分断」とは、「背景や前提が違う、価値観や考え方が違うかもしれないと思い、本質的な対話を避け、互いに距離を置いている状態」のことを指します。世代間、職務間、部署間、役職間、ジェンダー間などに広がる見えない壁が本当の壁なのかを確かめることなく、距離を置いて、違うからわかり合えないと向き合うことから逃げていく。これが「静かなる分断」です。

図2-3. 静かなる分断

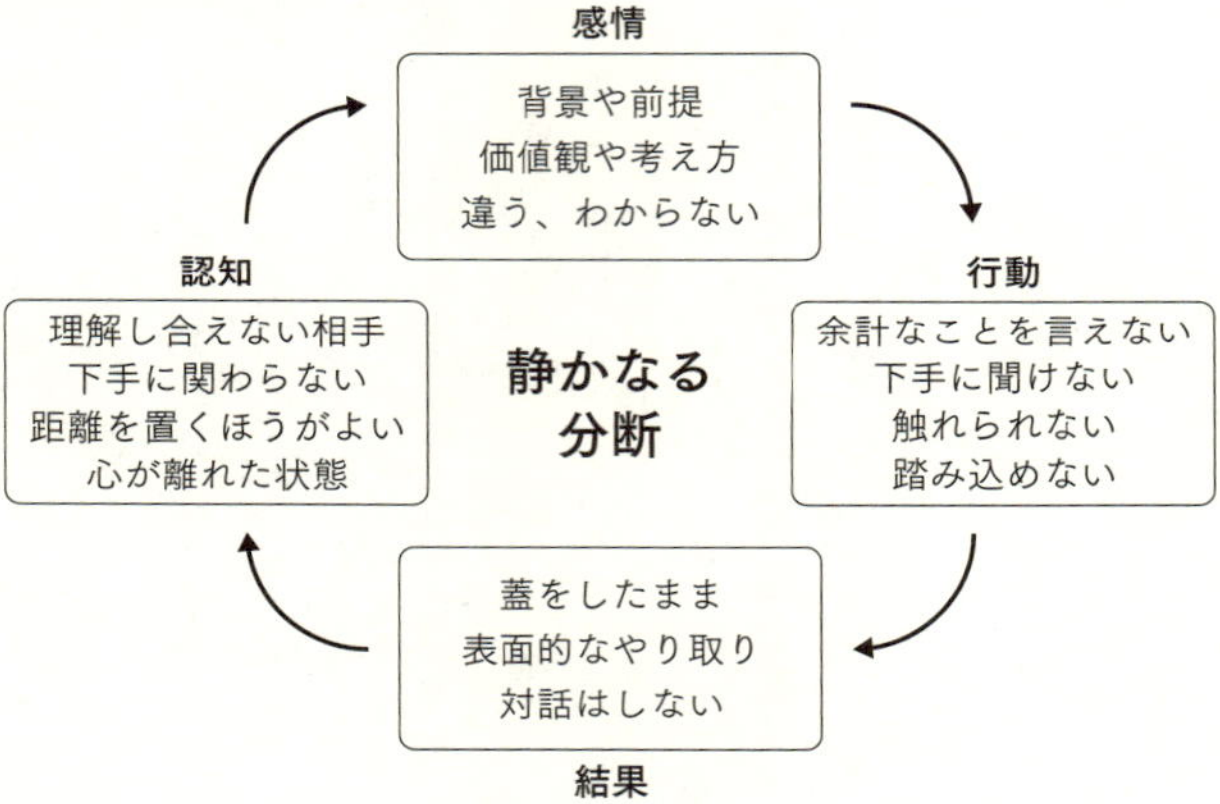

あなたの会社も、心が離れていく社員ばかりの会社になっていませんか。互いの違いに触れることなく、対話をすることができない会社になっていませんか。その結果、経営者は社員の傍観者になり、社員は経営の傍観者になっていませんか。大切なこと、根幹にあるものと向き合うことから逃げてしまう人たちばかりの会社になっていませんか。

本当にそんな会社が、不確実で変動の激しい時代の中で、社員にとって、社会にとって必要な存在として存続できるのでしょうか。あらためて、人の心はどこにあり、どのような関係性が生まれているのかを客観的に捉えることから始める必要があるとわたしは考えます。

第3章
心が離れた会社ではダメなのか？

心が離れることが、本当に問題なのか？

仕事や職場、会社から心が離れていく社員、その根幹にある価値観や考え方が多様化する社員。見えない壁が広がる中で、正面から向き合おうとしない職場。その中で人が静かに離れていることに危機感を持ちつつも、目の前の仕事、業績の維持・拡大に追われ続ける会社……。

こうした状況が生まれた経緯はわかったけれども、これが本当に問題なのか、このままでは何がいけないのかと思った人もいるのではないでしょうか。確かに、こうした現象を問題だと思うか、解決すべき課題だと思うかは、本人がまずどの立場で見るかによって変わります。

心が離れると社員にとって何が問題になるのか？

社員の立場からすれば、過去の経緯を考えれば、社員の心が離れていくのは当然だし、客観的に認識して、仕事や職場、会社と距離を置くことは、自分の将来をより良いものにするためにむしろ良いことだと思う人も多いのではないでしょうか。

自分は何のために仕事をしていくのか、この仕事は本当にやりたい仕事なのか。この職場の仲間と働くことが、自分を成長させ、自分を幸せにしてくれるのか。この会社は自分の将来を守ってくれるのか、この会社で働くことが自分の誇り、思いにつながるのか。そんなことを今一度、自分に問い直すことが不透明な未来の中で自分の人生を自分で生きていく第一歩になるのだと思います。

このように前向きに心が自立していくのであれば、心が離れていくことは少なくとも、その本人にとっては良い状態をつくりだします。

一方、心が離れる人の中には、とにかく会社中心、仕事中心のこの日常を変えたい、そこから抜け出したいという人もいるでしょう。自分の時間、家族との時間が持てるような働き方に変えたい。しっかりと休んで、心に余裕が持てるような働き方に変えたい。そう思ったときに、今の会社では無理だと思う。環境を変えるしかない。転職しよう。そう考えて動き出すことも、自分の人生を自分の意思で選択するという意味で良いことです。

ただ気になるのは、**心が離れていると自分で認識しているのに、その本当の気持ちは押し殺して、目立たないように息をひそめ、目の前の仕事を黙ってこなしていけばよいと割り切った人たち**です。

それも一つの選択、そこに自分の強い決意があるのであれば、自分で自分を動かしているのかもしれません。でも、仕事や職場、会社との間に「真のつながり」を見出すことができないままその場所に居続けることは、ますます本当の自分と向き合うことができない自分をつくりだすことになるのではないでしょうか。

あなたが本当に求めているものは何か？

今、仕事に思いが持てない、職場の仲間を大切だと思えない、会社に誇りが持てないのは、自分が仕事の中に意味や意義を見出そうとしていないから、職場の仲間と真のつながりをつくろうとしていないから、会社という場所をより良くしようと思えていないからではないか。

でもそんな気持ちを持てない自分でいることを、心の底から望んでいるのか。仕事は楽なほうがよいと思いながらも、仕事を通じて誰かに必要とされたい、誰かに貢献したいという気持ちは本当にないのか。職場の人間関係が難しくても、やはり職場の仲間と助け合い、支え合うことができる関係になりたいと思えないのか。今の会社のあり方に疑問を持ちながらも、本当はどこかで良い会社であってほしい、良い会社にしたいと思う気持ちはないのか。そんな気持ちを持てない自分のほうがよいと素直に思えるのか。

繰り返しになりますが、仕事中心、会社中心で働くことが当たり前だという観念から解き放たれ、自分らしく生きる、自分の人生を生きるということを真剣に考えるために、今の仕事、職場、会社からいったん距離を置く必要があります。

大切なのは、そこから聞こえてくる自分の心の声に耳を澄まし、心から笑顔でいられる本当の自分をイメージすることです。その上で、自分が本当にやりたい仕事、ともに働きたい仲間、思いを重ねる会社を見つけようと踏み出すのであればよいと思います。でもそこで、仕事や職場、会社を、自分の中心から遠ざけ、ソコソコの関わりしか必要としない場所だと定義して、それでもその場所に居続けたとき、本当にそれは自分の幸せを見出すこと、幸せをつくることにつながっていくのでしょうか。本当は得られるべきものを自分から遠ざけることにならないでしょうか。

あらためて、今の仕事、職場、会社から心が離れ続けることが、自分の未来にどう影響するか、考えてみませんか。

問題は、向き合い、互いに踏み込めなくなること

仕事や職場、会社と自分は「つながっている」、そう感じられる人と、そう思えない人。その割合は職場や会社によって違うと思いますが、そんなことを意識する人、考える人が増えていることはいろいろな調査を見ても明らかです。

問題は、仕事や職場、会社に対していろいろな思い、距離感を持つ人がいるから、そこには触れられない、向き合えないと思い、ますます距離を置いてしまうことです。本音がわからないという気持ちが自分の中に見えない壁をつくりだし、気づくとその間に互いを遠ざけ、向き合うことができない関係をつくってしまう。そこに静かなる分断が生まれていく。

実際に、仕事なんて、ソコソコでよい、仕事はお金や生活のために割り切ったほうがよいと考える人がいても、否定することができない自分もいる。仕事人間、仕事中心の生活から抜け出したい。それは多くの人たちの根底にある共通の気持ちなのだと思います。

一方で、仕事、顧客、成果への責任を負っている立場の人たちからすると、そんな気持ちで目の前の仕事だけをこなし、他の人が忙しくしていても自分には関係ないと何も声をかけずに黙って帰るような人がいると、「仕事や顧客に真剣に向き合えない人」「自分のことしか考えない人」としか見えなくなってしまう。

「向き合わない」から「気づけない」

だったらきちんと向き合って直接話をしてみたらいいのに、どう切り出せばよいのかがわからない。下手な言い方をしたら、パワハラだと思われるかもしれない。だから、そうした社員がいても、見て見ぬ振りをする、何も言わない、踏み込まない。

そうやって仕事や同僚に背を向けている社員からすると、上司も周囲も誰も何も言わない。それならそれで良いと思うし、少し後ろめたさもあるから触れられなくてよかったと思う。こうしたモヤモヤした心のやり取りが、職場のあちこちで起きていく。

確かに実際に向き合ってみると、本当に根幹の価値観が違う、向き合えないと思うことも起こるかもしれません。

それでも向き合う必要があるとすれば、向き合うことで自分の心の中にしまい込んでいる大切なことに気づけるかもしれないからです。本当は自分の中に、仕事や職場、会社とつながる、大切な思いがあることに気づけるかもしれないからです。

縦の関係に「分断」を感じている人ほどエンゲージメントが低い

ジェイフィールで調査した「人・組織・コミュニティに関わるアンケート調査」の中で、こうした分断を感じている人と分断をあまり感じていない人の間で、エンゲージメントにどのような違いがあるかを調べました。

まず、同期や同世代との分断度が高い層と低い層を比較すると、係長・一般職においても、マネジャーにおいても、それ自体がエンゲージメントに大きく影響しているという結果は出てきませんでした。部署を超える横のつながりが弱くなっていることも原因かもしれませんが、横のつながりの有無が、仕事や職場、会社とのつながりに大きく影響しているとはいえないということがわかりました。

一方、縦のつながりに壁、分断を感じている人は、全体にエンゲージメントが低下しているという結果が出ました。

係長・一般社員において上司との分断度が高い層と低い層とで比較すると、「職場が楽しい、良い職場だと思う」という項目については、分断度が高い層のほうが18・3ポイント低く、「今の仕事をこれからも続けたい」という項目も、13・4ポイント低くなりました。上司との間が分断していると感じると、職場が楽しくなくなり、今の仕事を続けることへのモチベーションも低下する人が増えてしまうという結果です。

さらに、マネジャーにおける部下との分断度が高い層と低い層を比較すると、「今の会社でこれからも働き続けたい」という項目では、分断度が高いほうが23・0ポイント低くなり、さらに「今の仕事をこれからも続けたい」という項目も、19・4%低下するという結果になりました。マネジャーからすると、部下との間に分断を感じている人ほど、この仕事、この会社で今の状況を続けることに疑問を持っている人が増えることがわかります。

管理職とその上司との「分断」が、エンゲージメントを著しく下げる

ただ、この2つ以上に、明らかに差が出たものがありました。それはマネジャーにおける上司との分断度による違いです（図3－1）。

先ほどと同様に、「今の仕事をこれからも続けたい」「今の会社でこれからも働き続けた

図3-1. マネジャーにおける上司との分断度がエンゲージメントに与える影響

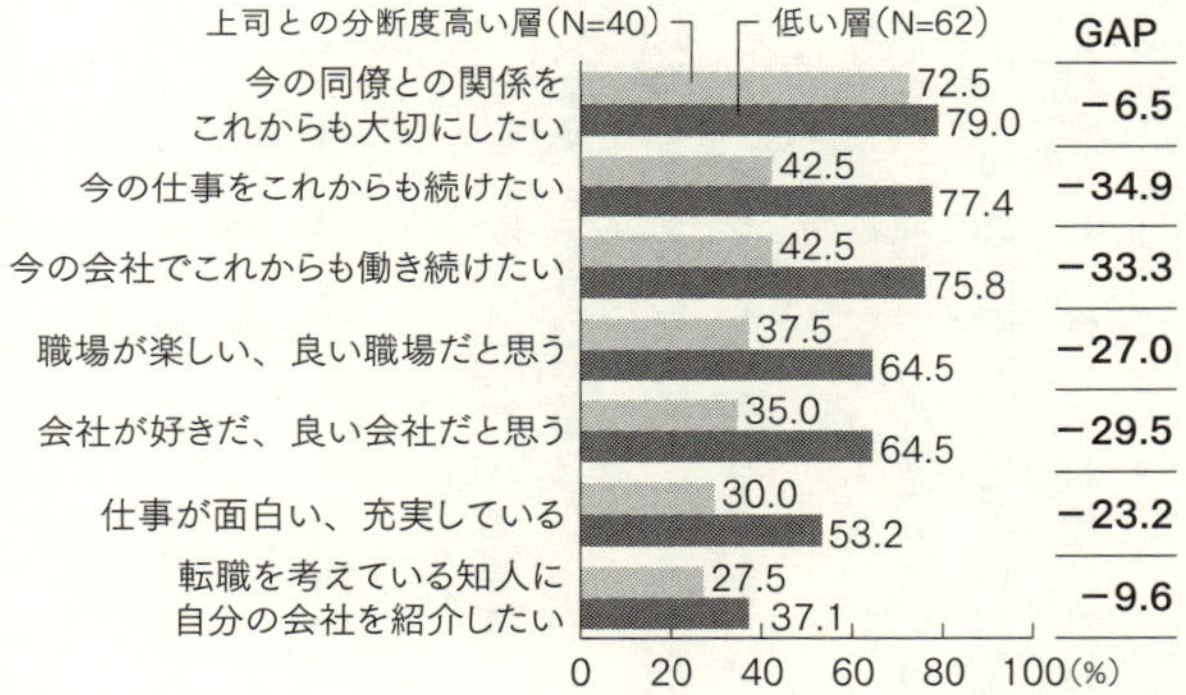

ジェイフィール「人・組織・コミュニティに関わるアンケート調査」（2024年5月N=315）

い」は分断度が高いと感じている人ほど回答が低下し、30ポイントを明らかに超える差が出ました。また、「会社が好きだ、良い会社だと思う」も約30ポイント、「職場が楽しい、良い職場だと思う」という項目は、27・0ポイント、「仕事が面白い、充実している」という項目も23・2ポイントも低い結果が出ました。

マネジャーにとっての上司、**つまり部長クラスや役員クラスとの間に分断が生まれると、仕事や職場、会社、すべての項目へのエンゲージメントが著しく低下してしまう**ということが見えてきたのです。

日本企業が停滞している最大の原因は、

ここにあるのかもしれません。

役員や部長クラスは、現場の成果と責任を問う。でも実際に起きていることまでわからない。だから、具体的な指示や支援はしない、自分から踏み込もうとはしない。

一方で、管理職もうまくいかず、悩んでいることがあっても役員や部長には相談できない。自分が管理職として能力が低いと見られるのではないか、突き放されるだけではないかと思ってしまう。

役員や部長クラスと、現場の管理職との間にある静かなる分断。それが組織全体の流れを止めてしまう。抱え込み、孤立し、疲弊する管理職ばかりを生み、その人たちを見て自分は管理職になりたくないという一般社員を増やしていく。本当にこれで仕事や職場、会社への思いを持てる人を増やすことができるのでしょうか。

当然、役員や部長だけが悪いというわけではありませんし、犯人捜しをしたいわけでもありません。一番の問題は、**こうした見えない壁があることを放置し、本音で向き合うことを避け、結果として仕事や職場、会社へのエンゲージメントを失う人たちを増やしていくという、この状況が問題**なのです。特に、役員、部長クラスからこうした状況を客観的に理解し、向き合おうと動き出すことが求められているのではないでしょうか。

本当に人重視の経営に変わろうとしているのか？

では、会社は社員とどう向き合おうとしているのでしょうか。コロナ禍を経て、企業は大きく3つの取り組みを始めています。1つ目は、働き方の変化に合わせた人事制度の改革。2つ目は、個々人の自律を支援するためのキャリア支援。3つ目は、そうした取り組みも含めて、人材を惹きつけるための人的資本経営への移行です。

働き方の変化に合わせた人事・経営の取り組み

第一に、リモートワークが広がったことで、それに合わせて人事制度の変更が必要になりました。自分の役割、自分の仕事をしっかりやっていれば、働く場所や時間を問わない、ジョブ型人事に移行する会社が増えています。実際に目の前にいない部下の働きぶりや姿勢を評価することは難しい。であれば、各人の役割と仕事を明確にし、そこで何をするか、どれだけ成果を出すかを求めていく。仕事へのエンゲージメントを高めてもらう。

人を見るというよりも、ジョブを見る。ジョブを軸に経営やマネジメントを考える中で、各人が自分の役割と仕事を考え、そこで見合う成果を出していく意識を引き出そうというものです。

さらに、ＡＩの進化やＤＸの推進など、ジョブもこれから一層進化していきます。ＡＩにとって代わられるかもしれない仕事もあるでしょう。未来の仕事に適応できるように今から準備する必要がある。そこで出てきたのが、２つ目のキャリア自律という考え方です。各人が未来の変化を捉え、必要とされる新しいスキルを身につけ、自分のキャリアは自分で切り拓いていけるように支援する。そういう観点から、リスキリングを支援するための学びの仕組みを提供する、というわけです。

こうした動きをさらに加速させているのが、３つ目の人的資本経営という考え方です。

内閣官房や経済産業省、金融庁が主導して２０２２年から本格的に導入されることになったのが、この人的資本開示というものです。

人を資源、コストと捉え管理するのではなく、人を資本、投資と捉え価値を高めていく。持続的な企業価値の向上に向けた人材戦略をつくり、経営主導で人事施策を展開していくこと。個人と組織との関係は互いが選び合い、ともに成長する関係に変えていくこと。多様な人材が活躍できる場をつくりだすことなどを、企業が多面的に取り組むことが求められるようになったのです。

人的資本経営への転換とは、何を変えることなのか

確かに、制度も仕組みも実態も、大きな転換期を迎えているように見えます。これらの取り組みが、働く人たちにとって人生の選択肢、働き方の多様性を生むだけではなく、意欲ある人たちにとっては自分を成長させる良いチャンスをつくりだすことになる。

でも、社員はこの変化を前向きに捉えているのでしょうか。本当に会社が変わる、働く人たちにとって会社という場が良い場所に変わると思えているのでしょうか。

実際に人事の方に話を聞くと、こんな声がありました。

「制度はつくったけれども、現場のマネジメント、社員の意識は変わらない。だから、実際に運用実績が高まらない」

「ジョブ型人事もリスキリングも、下手をすると、自分のやりたいことをする人だけを生んでしまう。組織全体の人事ビジョン、組織としてのリスキリングが先だと痛感している」

「開示することが目的になっていて、制度づくり、実態調査、資料づくりに追われてしまう。最初は社員のためだと思っていたのが、気づくと株主のためにやっているように思えてきた」

逆に人事がうまくいっていると感じているところでは、こんな話がありました。

「経営と現場、上司と部下、職場の中での対話が増えた」

「各々が考えていることを知る、一緒に考えるという姿勢が浸透してきた」

「ジョブもリスキリングも、職場で話し合うことができるようになった」

この差はどこにあるのでしょうか。それは、経営層が一連の人重視の施策をアピールすることで、株主や社会から選ばれる会社になることに主眼を置いているのか、多様化する価値観と向き合い、一人ひとりが自分らしく生きる支援をしながら、より良い会社をつくることに主眼を置いているのか。この立ち位置の違いが大きいのではないでしょうか。

人をコストやリソースではなく、資本と捉え、投資する対象とみなす。そのために会社は制度をつくり、その実績を高めていく。その実績が高い会社は、株主から評価され、採用力も高まる。表面的に捉えている会社は、これが人重視の経営に転換することだと捉えています。でもこれでは、会社と人を単なる契約関係、取引関係に変えていくだけです。

本当に必要なのは、エンゲージメント、つながりを実感できない社員たちに、この仕事だから、この職場だから、この会社だから、自分はここで一緒に頑張りたいという気持ちが自然と生まれる関係を再構築することなのではないでしょうか。それは取引関係からではなく、対話を通じた協力関係、共創関係から、生まれてくるのではないでしょうか。

わたしたちがこれから経験する未来

企業は今、失われた30年の呪縛から解き放たれ、会社という場所をもう一度、そこに集う人たちのもとに取り戻すチャンスを得ています。でもそのためには、経営者も、社員も、それが本当に必要なことだと実感し、心の距離を埋めようとするために真剣に向き合うことが必要です。

そう思い、仕組みや制度を変え、人起点での経営革新を起こそうとメッセージを出しても現場は目の前の仕事が変わらない。本当に会社が変わろうとしているのかはわからないと疑心暗鬼になる。そこには、経営と社員との間だけでない、社員間、世代間、組織間に見えない壁、静かなる分断があり、離れた心を重ねて、今をみんなで変えようという対話にまでは至らない。でもこのままでは、わたしたちは未来の幸せを手に入れることができなくなることも何となく想像はつく。

企業も人も、不透明な未来の中で大きな不安とリスクを抱えている。その不安やリスクすら、正面から向き合わない、みんなでその不安を共有しようとしない。それでは、誰も本当に未来に向けて踏み出すことができません。自分たちが置かれている状況、そしてこれから経験する未来を自分たちに引き寄せることが、まずは必要なことではないでしょうか。

わたしたちがこれから向き合わなければならなくなる大きな未来の変化、未来の課題は多様です。でもその中で、誰にとっても、大きなインパクトを持つ変化があります。まずはそこから考えてみましょう。

「地球規模の課題」と「仕事の課題」はつながっているか

1つ目は、わたしたちが住んでいる地球の環境自体の変化です。2023年7月にアントニオ・グテーレス国連事務総長が「地球温暖化の時代は終わり、地球沸騰化の時代が到来した」と語ったように、温暖化がさらに深刻なフェーズに突入していることを誰もが実感していることでしょう。

異常気象、猛暑、集中豪雨、大洪水、土砂災害、干ばつ、森林火災など、日本も含めて世界のどこかで毎日のように大きな災害が起きている。日本はさらに地震大国でもあり、こうした災害で自宅や会社が甚大な被害を受けることは、誰にでも起こりうることです。仕事を失う人、生活の基盤を失う人も出てくる中で、企業としても個人としてもリスクを減らすための準備が求められます。

世界は地球温暖化を食い止めるために、これまでさまざまな対話をしてきました。でもここでも分断が起きています。先進国として物的豊かさを享受してきた国と、これから経済発展し自国の利益を最大化したい国。同じ先進国の中でも具体的な温暖化回避策において、考え方が分かれ、議論は停滞していく。こうした状況を見ながら、おそらく多くの人はもう、目の前の小さな努力だけでは温暖化は食い止められないことを実感しているのではないでしょうか。

異常気象が進めば、気候の影響を受けやすいビジネスや働き方は、どこかで大きな転換を図らなければならなくなる。室外で働く人たちの生命と健康を考えると、働く時間、働き方を大きく変えなければならない産業、ビジネスも増えていきます。

こうした状況の中で選択肢は2つ。温暖化、異常気象を食い止める技術を開発するか、あるいはリスクや被害を最小限にとどめるための準備を行うか。スイスの企業が大気中のCO_2を回収し、石に変えて地中に埋める技術を開発していたり、日本でも人工光合成の技術を開発しようという取り組みが行われていたりします。どこかで誰かがこうした画期的な技術を開発し、普及させ、地球環境が人間の手によって大きく改善することも期待したい。ただ、普及するにはそれなりの時間とコストがかかります。それこそ国策としての大きな転換も必要です。

ですから、いつかはそうした技術が生まれるからと傍観者になっていたら、結局はさらに荒波になっていく未来へ漂流するだけになるのではないでしょうか。より多くの企業が、むしろすべての企業が、自分たちの分野で画期的な技術を生み出し、これまでとは違う地球を守るための生産活動、経済活動にシフトしていくことが必要なのではないでしょうか。

地球規模の課題を、自分たちの仕事に引き寄せることができるか。利害を超えて、連携して、一緒に解決していく動きをつくれるか、参画できるか。それが、自分たちの命と生活を守るために個人としても企業としても考えるべき大きな課題になっているのです。

人口減少社会で仕事の構造は大きく変わる

2つ目の大きな変化は、日本では間違いなく人口減少社会が到来するということです。日本の人口推移を見ていくと、江戸幕府が成立した1603年時点では1227万人しかいなかったのが、江戸時代に約3000万人に増え、1900年の人口がおよそ4000万人となっています。これが2000年時点で1億2693万人と、100年でおよそ3倍の人口になりました。国土交通省の人口推計によると、これが逆に2100年までの100年では、中位推計では5972万人にまで減る。100年かけて3倍に増えた人口が、100年かけて半減していくのです（図3－2）。

今の日本の経済、日本の生活を支えてきたのは、この100年の急激な人口増加によるところが大きい。でも逆にこれからの100年は、今までに一度も経験したことがない人口減少社会を経験していくことになる。しかもそのスピードは歴史的に見れば異常なスピードです。

図3-2. 日本の人口推移と予測

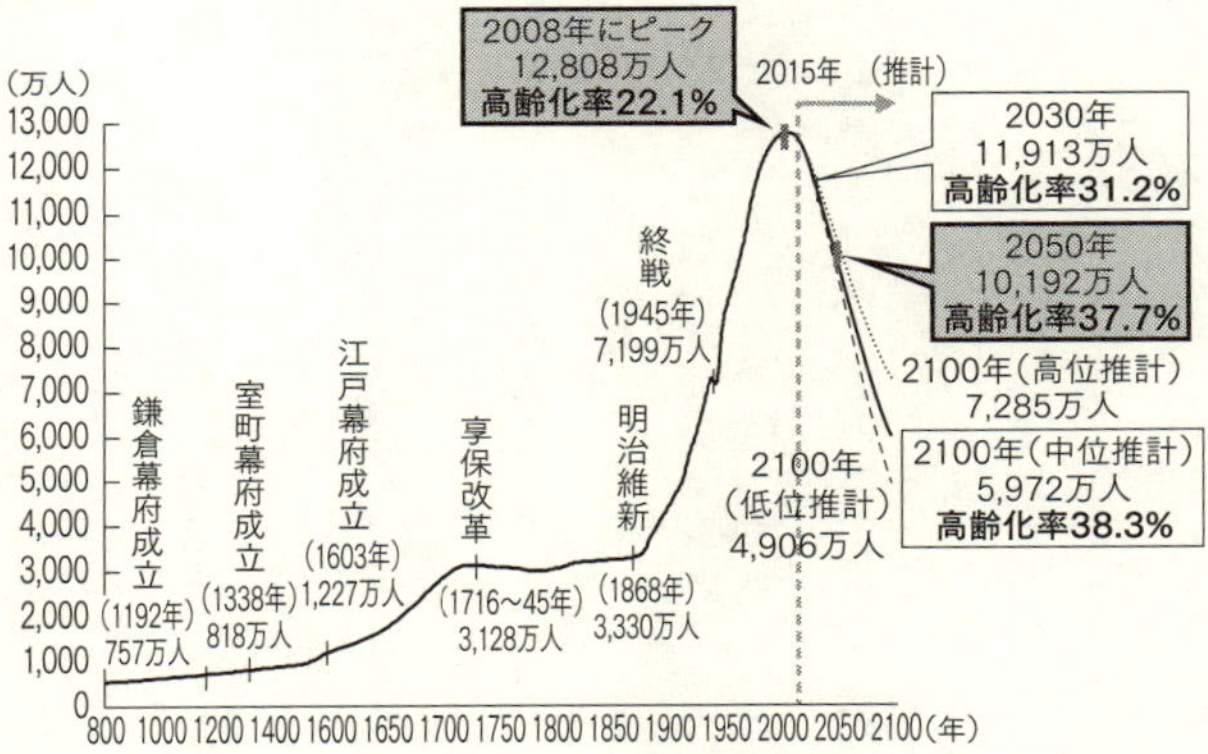

国土交通省『「国土の長期展望」最終とりまとめ』（令和3年）より
1920年までは、国土庁「日本列島における人口分布の長期時系列分析」（1974年）、1920年からは総務省「国勢調査」。なお、総人口のピーク（2008年）に係る確認には、総務省「人口推計年報」及び「平成17年及び22年国勢調査結果による補間補正人口」を用いた。2020年からは国立社会保障・人口問題研究所「日本の将来推計人口（平成29年推計）」を基に作成

今の企業はまさに、人口激増社会の中で育ってきた企業です。だから企業の目標は、売上の拡大、成長を掲げることができました。でもこれから人口激減社会の中で人も企業も生きていくのです。同じように量的に成長していくことは、困難なことなのではないでしょうか。

もし成長を目指すのであれば、人口が今後伸びていくアフリカなどの海外市場にシフトするか、今の市場をひっくり返すような新たな革新を起こしていくか、会社のサイズを縮小・適正化し、その中でしっかりと

利益を確保していくか。どの選択を取るにせよ、これからの社会が必要とするものを見極め、そこにより価値の高いものを提供していくという姿勢で、自分たちの生み出すものを見直さなければならなくなると思います。

人口減少社会でわたしたちが取れる3つの選択肢

同時に、人口が減るということは、働き手も減るということです。だとするとこれも選択肢が3つあります。

第一の選択肢は、ロンドン・ビジネススクールのリンダ・グラットンが『LIFE SHIFT』(東洋経済新報社)の中で指摘しているように、人生100年時代と考え、70歳、80歳になっても働き続けることです。健康寿命を延ばし、働ける限りは働く。社会活動に参画し続けることで、自分の生活だけでなく、社会の生活を支える存在になる。こんな考え方をすべての人たちが持つというものです。

第二の選択肢は、現段階では雇用の中心と位置づけられていない人たちの雇用を増やしていくことです。女性については、ライフステージごとに柔軟に働き方を変化させながらも長く働く、中核の役割を担ってもらえるよう支援する。障がい者については個々人の特性に合った働き方、サポートを周囲が行うことで、本人の「障がい」はなくせなくても、働く上での障害はなくしていく。さらに外国人や難民も言語や慣習、価値観の違いを超えてともに働く仲間として、受容し、尊重し、支援し合う関係を築く。まさにダイバーシティ&インクルージョン、多様性を活かす、多様性に支えられた経営に転換していくという考え方です。

第三の選択肢があるとすれば、それは人に頼らないビジネスシステムをつくることです。AIやデジタル技術、ロボットや自動化技術を駆使して、人間を介さず、仕事が流れていくシステムをつくる。人間が介在する部分を極力少なくし、人間にしかできないことに集中してもらう。そういう選択肢を取ることで、人口減少の中でも仕事が円滑に進む仕組みをつくる。

人口減少社会は働き方だけでなく、わたしたちの生活そのものにも大きな影響を与えます。人口減少社会が進めば、日本の生産力と消費力は停滞し、海外製品や食糧の購買力も低下し、自分たちの暮らしを守るために必要なインフラ、社会システムを維持することすら困難になるかもしれません。それが社会不安を生み出し、日本の土台にある安心・安全という社会環境も危うくなる。

問題は、**こうした変化が起きたとき、今の日本人のメンタリティ、希薄化する関係性の中から、状況を変えていく動きが生まれてくるのか**ということです。誰もが自分にはどうにもできない、誰かがどうにかしてくれると傍観者になってしまったら、わたしたちは今の暮らしと幸せを守ることができなくなるのではないでしょうか。

誰にも、どの企業にも、大きく影響する気候変動と人口減少。これらが、社会全体のシステムや経済活動にこれから大きく影響していくことは確かです。しかも、今までの延長線上での解決策では対処しきれない状況に来ています。つまり、気候変動により不安定な自然環境の中で生活やビジネスを営むこと、人口減少社会の中でマーケットも労働市場も縮小する中で自分たちの仕事を維持、拡大していくことが必要なこと。こうした無理難題とわたしたちは向き合うことになります。そのとき、わたしたち一人ひとり、そして会社は、こうした問題と正面から向き合うことができるのでしょうか。

人も企業も生き方の転換が必要になる

わたしたちはこれから、２つの時代を同時に生きていくことになります。

一人ひとりが自分らしく、自分の意思で自分の人生を選択できる時代。

でも、自分だけではどうにもならないことが、社会に溢れ出す時代。

わたしたちは、その中でどう生きるかを問われているのです。企業も人も、自分の幸せだけを考えても、結局は誰も幸せになれない。自分の選択、自社の選択が、未来に、社会に大きな影響を与えていく。そうした意識を持つ人、企業が増えなければ、わたしたちはこの世界を、この環境を維持していくことはできないのではないでしょうか。


心が離れている状態を続けるのは、目の前の苦痛からは逃げることができても、本当の自分の声と向き合えない自分をつくっていきます。自分らしさを見つける、自分らしく生きるために、自分とつながるものを見出していくことは必要なことです。

同時に、心が離れている社員ばかりの会社では、これからわたしたちが直面する未来を自分事として捉え、乗り越えていくことができなくなる。地球全体、社会全体が抱える課題を自分たちに引き寄せ、未来の生活をつくりだす一員として社会から必要とされる存在から遠ざかってしまう。こんな会社ばかりになったら、日本は、世界は、本当にみんなで幸せな社会をつくることができなくなるのではないでしょうか。

わたしたちは本当にこのままでよいのでしょうか。身近な仲間たちと、より良い未来、より良い社会をつくるために、協力して踏み出していく必要はないのでしょうか。

第4章
静かなる分断を超える五つのカギ

向き合う前に、共有しておきたいこと

仕事上必要なコミュニケーションをとっていても、仕事、職場、会社に対して、心の中ではどんなことを感じ、どう向き合おうとしているのかがわからない。本音を隠して、働いているように見える。だから、表面的な言葉や振る舞いを見て、この人は自分とは違うと思ってしまう。そこに「見えない壁」があるように感じる。そう思うと、互いに触れられない、踏み込めない関係になる。気づくと、互いの距離が広がり、「静かに分断していく職場」になってしまう。

一方でわたしたちは今、気候変動、人口減少、技術転換がもたらすリスクや不安と向き合い、その中でより良い暮らし、未来をつくっていかなければならない。個々人がバラバラに自分の幸せだけを求めていても、社会全体がバランスを失えば、わたしたちの暮らしは大きく崩れてしまう。だから、今、個人としても、組織としても、一人ではどうにもな

らない課題と一緒に向き合い、知恵を持ち寄り、革新を起こしていく必要がある。

ただここで、こういう状況なのだから、今までのことは脇に置いておいて、みんなで一緒に未来をつくりましょう、会社のパーパスの実現に向けて一致団結しましょうと会社から言われても、**簡単に社員の気持ちが動き出すとは思えない。なぜならそこに、相手を信頼し、心を開き、本音で向き合い、対話する土壌がないから**です。

わたしたちは、バラバラになりかけている関係の中で、向き合うことの大切さを取り戻し、本音を重ねながら、個人にとっても、会社にとっても、そして社会にとってもより良い未来の形を一緒に見出していかなければなりません。

そのためには、経営から現場までが、同じ目線、同じスタンスで向き合えるようになるための準備をする必要があります。**互いが本音を言いながらも、そこに対立を生むのではなく、重なりを見出しながら、未来へともに踏み出す**ために、どう向き合い、どう対話するか。ここでは5つのステップで、最初に共有してほしいことをお伝えします。

1. 遠くから眺める、客観視してみる

最初に共有したいことは、経営者も社員も、起きていることから一歩引いて、遠くから眺め、全体像を客観的に捉える姿勢、目線を持つことです。

そのためには、次の2つのことを意識することが必要です。1つは、いったん自分の中にあるフィルターを外して眺めてみること、もう1つは、自分たちの中で起きていることを社会目線、全体目線で捉えることです。

自分のメガネを外して眺める

たとえば、この本の第1章、第2章で紹介してきた実例やアンケートデータなどをできるだけ客観的に共有してみてください。実際には当てはまること、共感することもあれば、違和感や違う意見を持つこともあるでしょう。でもここで、これは違う、わたしはこう思

うと、すぐに解釈して、そこで対話を止めないでほしいのです。

誰にでも、自分の経験から来るモノの見方、受け止め方があります。これは日常の経験を一般化することによって獲得した、複数の要素が統合された知識の型です。心理学的にはこれを認知的枠組み、認知フレームと呼びます。

この認知フレームは、自分の経験から得られた分類に物事を当てはめることによって、理解のスピードを早めるというメリットがあります。一方で、認知フレームが強過ぎると、決めつけやとらわれを生み、現象そのものをゆがんで捉えてしまうことや、実態とは異なる解釈をしてしまうことも起きます。そうなると、今起きていることをありのままに、素直に受け止められなくなります。

ですから、自分のモノの見方、枠組みがすべてではないという認識に立って、いったん自分の中にあるフィルターを外して、そこに示されていることを素直に受け入れてみる姿勢をまずは共有してほしいのです。

みんなで客観的になるプロセスをつくる

とはいうものの、誰もが急にフィルターを外して、客観的になれるわけではありません。客観的でなければ何も言えなくなったら、それこそ、自分の素直な感情を押し込めてしまうことにもなります。

大切なのは、誰もが自分のフィルターを持っていて、自分が見たことがすべてではないという認識を持つことです。だからこそ、みんなの見方を持ち寄って、多面的に物事を捉えることで、今起きていることを客観的に捉えていくプロセスをつくる必要があることを共通認識としてほしいのです。

では、客観的になるプロセスとはどういうことなのか。メンバーが感じている「職場に広がる感情」を可視化する組織感情診断の結果を、メンバー全員にフィードバックする際のプロセスを例に考えてみましょう。

最初は黙って、一人ひとりが組織感情診断の結果を読み込んでいきます。

読み込んだら、素直に感じたこと、頭の中に浮かんだことを、小グループでシェアしてもらいます。自分の中に湧いてきた感情を素直に口にしてみる。それをお互いが聞く。するど、同じようなことを感じていたこと、逆に自分だけが違う見方をしていることに気づかされます。ここでまず、自然に自分のモノの見方を客観視していくことになります。あまりに偏っていると、自然と少しネガティブになり過ぎていないかなとか、こういう解釈もあると思うよと周囲が言ってくれます。そのやり取りの中で徐々に自分の中にあるフィルターを外していきます。

その上で、なぜこの職場がこんな心理状態になっているのか、そこで起きている感情の連鎖を、一緒に解釈してみましょうと問い掛けます。このときに誰が悪い、これが原因だと、犯人捜しをするのではなく、あくまで感情がどのように連鎖しているのかに着目します。

すると、「イキイキ感情」が湧いてこないのは、土台としての安心感と支え合い感が足りないからではないかとか、「冷え冷え感情」が強いのは、根底には将来への不安感とあきらめ感が強いからではないかとか、そんな感情の連鎖が見えてきます。

そして最後に、こうした感情の連鎖が互いの意識や行動にどんな影響をもたらしていると思うか、自分だけでなく、周囲の気持ちになって、一緒に考えようと促します。すると、職場の中で起きていることが具体的かつ客観的に理解できるようになります。

このように、互いが素直に感じていることを持ち寄りながら、同じ現象を見ていても、受け止め方が違うことを知る。その中で特に自分が偏っていたら、そこに認知をゆがませるフィルターがかかっていないか、問いかけてみる。そうやって、互いの見方を重ねることで、全体像が見えてくる。こうしたみんなの目で起きている現象を捉えることが、今の状況を正しく認識するためには不可欠なのではないでしょうか。

同じ問題が起きたときも、経営者から見えていること、管理職が見ていること、現場で見ていることが必ずしも同じではありません。むしろ、立ち位置が違うから、見えているもの自体が異なっているのかもしれない。だとすると、お互いの目線で今、感じていることを持ち寄ってみて、そのどれかが正しい、正しくないではなく、重ねることで全体像を浮き彫りにする。そんなアプローチが必要なのです。

多くの現象は、誰か一人だけが悪いのではなく、自分も含めて、いろいろな人たちが複雑に絡み合って起きている。だから、誰かを責めるのではなく、現象は現象として客観的に捉えればよい。

　でもその現象をつくっているのは、まぎれもなく、そこにいる人間。だからこそ、自分たちに何かできないかを一緒に考えようという姿勢につなげてほしいのです。

2. 人の心理と特性を理解する

　今起きていることを客観的に捉え、向き合えるようになったら、今度はその現象をつくっている人間そのもの、人間の陥りやすい思考や心理をみんなで理解してみることが必要です。

　なぜ、人は周囲に同調してしまうのか。なぜ、人は閉じこもってしまうのか。なぜ、人は委縮するのか。なぜ、人は周囲が動かないと自分から動けないのか……。

自分に起こっていること、自分の周囲で起きていることを、個人の問題ではなく、人に起こりやすい問題として捉えられるように、経営者から社員までが一緒に学んでほしいのです。

特に共有してほしいのは集団や組織の中での人間の心理です。その中でも特に次の3つの心理について共有していくと、人間理解が深まります。

人は周囲からの圧力に晒されている

第一に、人は周囲からの影響を受けやすい社会的存在であるというものです。集団や組織の中にいると、何か違うと思いながらも周囲の意見や話の流れに合わせてしまう、周囲の空気を感じて忖度してしまうということがよく起こります。必ずしも誰かに強制されたわけではないのに、そうせざるを得ない目に見えない圧力を感じ、その影響を受けて行動してしまう。これを社会的影響と呼びます。

その中でも特に起きやすいのが、**同調行動**というものです。たとえば、帰宅時間は自由なはずなのに、みんなが残業していると自分だけ帰りますとは言えず、自分も残業してしまうというようなことです。自分だけが違うことをすることへの心理的抵抗感から生まれます。アッシュの集団圧力と同調行動の実験が有名ですが、周囲が違う答えを選んでいる中で自分だけが正しい答えを言うことは、かなり勇気のいる行為です。

言葉では明確に言わなくても周囲の空気に合わせる、忖度することが当たり前のような空気感をつくる。すると、周囲の空気に反して自分はこう思う、自分はこうしたいと言って踏み出すことは逸脱行為にあたり、周囲の和を乱す行動だと思われないかと思い、同調圧力をさらに感じてしまう。まだまだこういった組織が、日本の中には数多く残っているのではないでしょうか。

同時に、そこに権限と賞罰が伴う上下関係が生まれると、上位者の指示が命令になり、それが理不尽であり、本来であればやってはいけないことだとわかっていても、逆らうことができなくなるという現象が起きます。これは**代理の心理、歯車的服従**と呼ばれるものです。

上位者が明らかに不正になるようなことを強いてくる。そうしないといけない空気をつくられ、それはおかしいと思っていても、逆らえなくなる。気づくと自分もその不正に加担していることになる。でもそれは、自分がやっているのではない、自分はやらされているだけだと思い込もうとする。自分は代理に過ぎない。だから自分は悪くないと正当化する。そうすると誰も止められなくなる、みんなで蓋をして、隠そうとしてしまう。

人は、周囲から影響を受けやすい存在であり、周囲に合わせることで自分を守ろうとする存在でもある。それが**正しい方向に向かえば、集団凝集性、連帯感を生み、**大きな行動を起こす力になる。でも**誤った方向に向かえば、気づくと自分も悪い方向に向かっていく追従者になり、そこから逃げ出すことができなくなる。**

人はこうした弱さを持っている存在なのだということをまず、しっかりと皆の共通理解とすることが大切です。逆に言えば、**組織とは、権力とは、それだけ人に圧力をかけ、正しくあろうとする人の心をゆがめてしまう恐れがある**ということを、特に上位者になる人たちは肝に銘じることが必要です。

人本主義を掲げてきた伊丹敬之名誉教授は、「**人は善なれど、弱し**」と言っています。性善説でも、性悪説でもなく、組織で働く人間は「**性弱説**」に立つことが大事だと言うのです。

人の根幹には正しくあろうとする心、善の心はある。でも社会、組織という環境の中では、自分を見失い、自分らしく振る舞えなくなる人を生み出してしまう。時にそれは、自己利益しか考えられない人をつくってしまう、間違っていると思っても声を出せない人をつくってしまう。人とはそういう弱さを持った存在なのだと。だからこそ、上位者は社員の気持ち、心がどういう状態にあるのかを感じ取らなければならないし、そうした弱さが出たときに、みんなでその負の連鎖を断ち切ろうと踏み出す勇気が必要になります。

認知の仕方は関わり方を変えてしまう

第二に、先ほどの認知フレームは**対人認知、対人行動**にも影響を与えています。

人を見る、すなわち対人認知は、実は複雑なプロセスを経ていると言われます。最初はある断片的な情報にアクセスします。人の肩書や外見、態度や振る舞いなど、表面的に見える情報に触れたとき、自分の中に形成された認知フレームを当てはめて、その人がどういう人かを判断しようとする。これがステレオタイプ化です。

若手社員は、仕事以外のコミュニケーションは、避けたいと思っている
ベテラン社員は、持論やこだわりが強くて、やり方を変えたくないと思っている
女性社員は、家庭もあるので、責任ある仕事は任されたくないと思っている
管理職は、会社が決めたことを部下にやらせるだけで、部下を守る意識は低い
経営層は、会社の利益と成長が大事で、社員を大切にはしていない

確かに、そんな一面もあるし、世の中ではそんな見方が当たり前になっているものもあります。でも、当然そんな人ばかりではないし、一括りにして理解しようとすると、それが相手への理解をゆがめてしまうことにもなりかねません。

わたしたちは誰もが、自分の経験、自分が見てきた世界を通じて、自分なりの認知のフレームを通して、人や事象を見ている。その認知フレームが自分なりの解釈を生んでしまう。仮にその解釈にズレや誤認があったとしても、自分では気づけない。
しかもそこで、ネガティブな感情が生まれると、実際に相手への行動が変わってしまう。

好意を持っていれば、援助的行動、親和的行動、依存的行動が生まれやすくなるが、嫌悪を抱いてしまうと、攻撃的行動、拒否的行動、回避的行動が増えてしまう。自分が相手や事象をどう最初に解釈するかが、実際にはその人や事象への向き合い方にも影響を与えてしまうのです。

人と向き合うとき、違和感がある、おかしいと思うときほど、自分のメガネ、認知フレームをいったん外して、今までの経験から来る解釈、思い込みを避けるように努力する必要があります。互いにそうしたズレや誤解が生まれることを前提に、より**互いの真意を理解してもらえるように丁寧に、背景や意図も含めて開示していかなければ、良いコミュニケーションは生まれない**ということです。

こうして見てくると、人は周囲から影響を受け、自分の意図、意思とは異なる行動をしてしまう面があるだけでなく、そうした人の行動を見ている相手も、自分の中にある認知フレームを通じて理解しようとするために、自分の真意が理解されないということがよく起こるということです。だから誤解が生まれる。それが互いの関係を難しくする。

人間関係が難しいと感じている人は、こうした**認知の罠**にはまっている人たちなのではないでしょうか。そしてそれは特別なことではなく、本当に誰にでもよく起きてしまうことなのです。

周囲に人がいると傍観者になってしまう

第三に、人は意識しなければ人を助けることができないということです。駅のホームで気分が悪そうに、胸を押さえて座っている人がいたとします。周りには多くの人が行き交っています。その中で、あなたはその人にためらわず声をかけますか。

人に手を差し伸べる、人を助けようとする行動のことを援助行動と呼びます。誰もいない中で困っている人がいたら、声をかけるという人はかなりいると思います。でも周囲に多くの人が行き交っているときは、自分が声をかけなくても誰か声をかけるだろうと思い、通り過ぎてしまう。そうしていると、結局、誰も声をかけない、誰も助けてくれないという現象が起きてしまいます。これを傍観者効果と呼びます。

このとき、2つの心理が働いています。1つは、責任の分散。誰かが助けてくれる、自分が責任を負わなくてもよいという心理。もう1つは、集合的無知。周りが動かないのだから、たいしたことはないのかもしれないという心理。これが、自ら手を差し伸べる、援助するという行動を妨げてしまうというのです。

特に相手がどのような人かわからなければ、ますます声をかけにくくなります。それこそ、声をかけると犯罪に巻き込まれるという不安が広がっている場所では、意図的に傍観者になる人も増えていく。そういう意味では社会環境、そこで土台としての人そのものへの信頼があるかどうかが重要ではあります。

つまり、**どのような環境に置かれるかによって、人は協力的になれるのかどうかが決まる**ということです。ただ、人間の本来性の中に、こうした人を助ける、協力するという心理があるのかどうか。そこへの理解も重要です。

認知心理学者のマイケル・トマセロは、著書『ヒトはなぜ協力するのか』（勁草書房）の中で、1歳から1歳半の乳児がはじめて会った大人に対して、その大人が困ったことに遭遇すると、ほぼすべての乳児がその問題を解決するように支援してくれた（手の届かないものを取る、障害物をどけるなど）という研究成果を述べています。

しかも誰かが教えたわけでもなく、報酬や促しをしたわけではないのに、発達のごく早期に行動として現れるのだというのです。しかもそこには、「共感的な気遣い」が介在しているということがわかってきたと言っています。**ヒトは本来的に、援助すること、知らせること、分け合うことを自発的に行動化していく**のだというのです。

それが大人になる過程、社会化のプロセスの中で、自分だけが援助的だと他者に利用され、自分が損をすることを学ぶ。あるいはそれを強いられると逆に苦痛に感じるようになる。そうして、本来持っている人を助けたい、人に協力したいという心理が自然と出せなくなってしまう。気づくと自分の中にそんな気持ちがあっても傍観者になってしまう。

でも、日本人にはこうした共感的な気遣いがまだまだ文化や関係性の中に残っているのではないでしょうか。外国人が日本を訪れると、困っているときに日本人が声をかけてくれた、案内してくれた、丁寧にいろいろ教えてくれたなど、本当に日本人の親切さ、相手への思いやりや気遣いに感動したという声が数多くあります。

地震や豪雨などの自然災害が起きると、日本人は少ない食糧や水を奪い合うことなく、みんなで分け合いながら、窮地を一緒に乗り越えようとする。すぐに現地に入って支援しようとする人も現れる。わたしたちの中にはまだまだ自然と人を助ける、人と協力しようという心理が深く根づいている。

ところが、**こうした共感的な気遣い、思いやりという心理を、組織づくり、会社づくりの根幹から外してしまった。**この高い能力を活かすどころか、むしろ関係性を難しくし、その中で健全な自己表現ができない人を増やし、委縮させ、人の行動を抑制する認知のゆがみをつくってしまった。その結果、**家族や友達、親しい人たちの中では協力的なのに、会社という場所では協力的になれない人**を増やしてしまったのではないでしょうか。それでもわたしたちの根幹に、利他心、共感的気遣いがあるのだとしたら、それは大切に育み、それを会社づくりのコアに据えるべきなのではないでしょうか。

3. 議論ではなく、対話する

わたしたちは、いろいろな**心理の罠**にはまっています。その中で、自分を守るため、自分らしくあるためには、鎧を着て防御力を高めるか、距離を置いて関わりを少なくするしかない。そういう心理が、見えない壁を生み出し、そこに互いが踏み込めないという心理が加わると静かなる分断が起きてしまうのではないでしょうか。

そうした集団や組織の中での人間心理を共有したら、次にどうしたらよいのか。

互いの心の中に蓋をしていた感情、素直な気持ちを持ち寄り、対話してほしいのです。自分の中にある感情と向き合い、互いに出し合う中で、本当はどういう関係でありたいのか、どういう場所をつくっていきたいのか、みんなで一緒に話し合ってほしいのです。

ただし、人の心理への理解が進んだからといって、いきなり自分の気持ちを口にできるわけではありません。そのためには、感情を出しやすくする、素直に思ったことを言いやすくする仕掛け、場づくりが必要になります。

議論と対話は異なるプロセス

互いの気持ち、本音を語れるようになるためには、議論ではなく、対話をしていくことが重要です。では、**議論と対話の違い**とは何なのでしょうか。

研修の中で行うフィッシュボール（金魚鉢）というワークがあります。4人から6人ぐらいで輪になって、あるテーマについて対話するようにお願いします。その他の人たちには、輪の外で対話の様子を観察してもらいます。

そのとき、観察者には3つの視点でやり取りを見てもらいます。1つ目は、意見を言い合うだけでなく、「問い」を立てながら一緒に探究する姿勢があるか。2つ目は、結論を出すためにどこか遠慮したり、忖度しながら合意形成をしていないか。3つ目は誰かが一方的に仕切っていたり、誰かの意見が強くなり過ぎていないか。

実際にやり取りを見ていると、多くのケースは対話ではなく議論をしています。議論は何らかの結論を導き出すために行うものです。ですから、それぞれがその結論に導くために最適だと思う意見を出し合います。その中で確からしいもの、より統合的なものをみんなの総意として決めていきます。それは、より良い、より強い意見に収束させていくプロセスです。

このプロセスの中では、本当は違うと思っていても、立場の弱い人ほど自分の意見を言えなくなる、反論や別の提案ができなくなる。気づくと、流れに同調せざるを得なくなる、多様性を削ぎ落としてしまうということがよく起きてしまいます。

これに対して、**対話は多様性を広げ、重ねるプロセス**です。対話、ダイアローグは、ギリシャ語の Dia Logos という言葉から来ています。直訳すると、意味が流れる。人と人の間に流れるものから意味が立ち上がるということを示しています。

社会課題解決のファシリテーターとして著名なアダム・カヘンは、著書『それでも、対話をはじめよう』(英治出版)の中で、「話し合いによって複雑な問題を解決できないことはよくあるが、たいていは私たちの話し方と聞き方が原因だ」と言っています。話し手は、ただ主張し、他の真実や可能性がありうることを認めない。話し手は、他人の話を聞かず、自分が話すことにのみ耳を傾けている。単純な問題であればそれでも解決することはあるが、複雑な問題になれば行き詰まるか、力の行使でしか決着がつかなくなる。複雑な問題を解決するには、自分たちの状況を理解し、それを改善するために協働する他はないと言っています。

対話は本質を探究し、一緒に変わっていくプロセス

社会学者で慶應義塾大学の塩原良和教授は著書『分断と対話の社会学』（慶應義塾大学出版会）の中で、対話とは「他者との相互作用を通じた相互変容を行う意思」であり、「他者と『わかりあおう』とするのではなく『かわりあおう』とすること」だと定義しています。対話を通じてお互いが影響を与え合い、その中で新しい意味を見出し、ともに変わろうとすることなのだと言うのです。

「わかりあう」のではなく「かわりあう」対話にしていくには、違いを受け入れ合うだけ

でなく、違いを重ね合うことで、互いを尊重し、自らの中にその良さを取り込んでいくプロセスになっていることが大切なのではないでしょうか。

先述したように組織行動学の研究者であるエドモンドソン教授は、良いチームは心理的安全性が高いと言っています。

しかし実際には、上司が「わたしは人の発言を責めたり、拒否したり、罰を与えることはしないから、安心して話してくれればいい」と言えば、この状態はつくられるわけではありません。互いの素直な感情が出てくること、その中で互いの違いを受け入れ合う関係ができたときに、心理的安全性は高まっていくのです。ですから、最初からその状態ができるわけではなく、徐々にでき上がっていくもの、つくり上げていくものだという認識をする必要があります。

こうした心理的安全性が生まれるために、大事な姿勢があります。それは、探究するという姿勢です。お互いに違うのは当たり前、意見が異なるのは決して悪いことではない。でもそれを素直に出し合って、重ねていくと、本当の意味が見えてくる、新しい意味をみんなで見つけ出すことができる。だから違いを楽しむ、違いの背景にあるものを一緒に探っていく。その中で、本当に自分たちがつながれるものを見出していく。そういう姿勢を持って、対話をしていくことが、分断を超えていくことにつながっていきます。

異質な人との対話は共感よりも想像が大切

土台の人間関係をつくるために相手に共感的になること、すなわち相手の気持ちを自分の中に取り込んで、自分のことのように感じることは必要です。ただ、それだけだと自分とは似ていない人、異なる状況にある人への共感ができない、むしろ違いばかりを感じることも起きてしまいます。

先述した塩原良和教授は、「他者への共感は、人間関係や社会を成立させる重要な要素だ。ただ、共感だけで成立する関係性には限界もある。（中略）人は自分と似ている人、近い状況に置かれた人により共感しやすく、自分と異なっている人や状況ほど固定観念によって判断しがちになる」と言っています。その上で、他者の立場に立って考えることのほうがより重要であると言います。

「『他者の立場に立って考える』とき、他者との同一化や感情移入は必ずしも前提とされない。違う人間である以上、他者とわたしは完全に同じ経験や感情を共有することはできない。またその人が嫌いであったり、敵対していたとしても、その他者の立場に立って考えることはできる」

「それは他者について『**想像する**』ことなのである。わたしたちは共感できない他者のことも、反感をいだいている他者のことさえ、想像することができる。そんなとき、わたしたちはその他者の特徴や他者を取り巻く状況を『知ろう』と努める」

似ている立場の人たち同士で話をするときは、共感的対話は根幹にある思いを共有し、つながりを強化することになる。しかし、**遠い存在、異質な存在と対話するときは、想像的対話をすることで、互いの目線、互いの立場で何ができているのかを知ろうとする。そこに探究が生まれる。**

ここから真の対話が始まる。答えは一つではないかもしれない。お互いの立場から見れば、それぞれ正しいのかもしれない。

だとすると、どうしたらいいのだろうか。何が正しい、正しくないなんて簡単に決められないのではないか。そもそも、目的は何なのだろう。どうなったらいいのだろう。本当にそれが一人ひとりにも、会社全体にも良いことなのか。どうしたらみんなが幸せになるのだろうか。そんな**「本質探究のための問い」を重ねていく**。その中でみんなが思っていることを重ね合う。これが分断を超えていくために必要な対話です。

4．当たり前を問い直す

ここでまた一つ、超えなければならない壁があります。それは過去の経験から来る会社の常識、経営やマネジメントの当たり前にみんながとらわれてしまい、対話が広がらないというリスクです。

わたしたちはどこかで、これまで積み上げてきたこの経営やマネジメントの当たり前にとらわれ、他のやり方などあり得ないと決めつけていないでしょうか。どんなに対話しても、目の前の仕事は変わらない、会社のスタンスは変わらない、だから何をしても無駄、変えようがないとあきらめていないでしょうか。

明文化されたわけではないのに、それが暗黙の了解、暗黙のルールのようになっている。それは変えることができない不文律であるかのように扱われている。そうしたものが、心理的に人の自由を奪っている。

ジェイフィールでいろいろな会社の人事責任者の方たちで対話をしたときに、ある人が「**わたしたちは当たり前という呪縛から解き放たれる必要がある**」と発言して、その場でまさにそれが一番大きな課題だと盛り上がったことがありました。

わたしたちは無意識のうちに、この会社の常識、仕事の当たり前を前提に発想し、対話している。ではどうしたら、わたしたちは今までの呪縛から解き放たれ、今までの当たり前を問い直すことができるようになるのでしょうか。

社内の違和感・疑問を集める

まず、これまでの企業社会の中核として位置付けられてこなかった人たち、たとえば若手社員や女性社員、非正規社員の方たちの違和感、疑問を集めてみてください。

実際に、こうした人たちへのヒアリングを行うと、次々に違和感や疑問が出てきます。

「なんで、売上や利益を伸ばすことが最優先なんですか？」

「なんで、企業は成長しなければならないんですか？」

「なんで、意思決定したり、承認するのに、こんなに時間がかかるんですか？」

「なんで、各部署から同じような資料が来て、それに対応しないといけないんですか？」

「なんで、上司が一方的に仕事を割り振るんですか？」

「なんで、会社に入ったらやりたい仕事を聞いてくれなくなるのですか？」

「なんで、権限も裁量もないのに、一人で成果を出せというのですか？」

「なんで、いまだに長く働いている人が偉いんですか？」

「なんで、残業するのが当たり前なんですか？　残業自体がおかしくないんでか？」

「なんで、管理職になるとあんなに大変なのに、残業代も出ないんですか？」

「なんで、コミュニケーションといったら、時間外の飲み会なんですか？」

「なんで、雑談やみんなで話す時間を余計な時間のように扱うんですか？」

「なんで、こちらの事情を聞かずに、一方的に異動や転勤の命令が下されるんですか？」

きりがないぐらい、本当に多くの違和感、疑問が出てきます。これを整理して、管理職や次世代リーダー、経営層への研修でシェアしてみてください。

最初は戸惑いの声も上がります。なんでこんな当たり前のことに疑問を持つのか、甘えているだけではないのかと苛立つ人も出てきます。

でもそこで、この言葉の裏に何があるのか、一緒に考えてみてくださいと問いかけます。すると、実は自分も同じように感じてきたという人が出てきます。もしかしたら、若手や女性だけの意見ではなく、わたしたちの中にも同じような疑問があったのかもしれない。それをどこかで蓋をして閉じ込めてきただけなのかもしれないという気づきが生まれる。

その上で、本当にこれは必要なのか、意味があることなのか、止められないのかと話していくと、みんながその意味を探究し始めます。

若手や女性だけでなく経営層や管理職層も、本当は今までの会社中心、仕事中心の論理でつくられてきた企業経営、マネジメントのあり方に、違和感、疑問を持ち始めている。そんなことをふと、口にできるような、そんな対話の機会を繰り返しつくっていくことが、心の壁を越えるきっかけになります。

外の世界で起きていることを共有する

さらにもう１つ、今までの当たり前を問い直すためには、外の世界を見る、外の世界で起きていることを調べ、共有してみることが有効です。

海外赴任した人なら、実際にその国ごとに働く意識、働く価値観の違いや実際の働き方の違いに戸惑ったこともあると思います。そんな経験を素直に共有してみてください。

わたしも海外企業の調査に行くたびに、それまでの常識をひっくり返される経験をします。ちょっとした新しい業務を依頼しただけでジョブディスクリプション（職務記述書）に書かれていないことを要求されたと訴えられた人がいたり、残業という概念がそもそもない、１か月の長期休暇を取ることが当たり前の国があったり……。それだけでも、自分たちの価値観が揺さぶられますが、その方が実際に成果や効率性を高めているという事例にも出会えます。

スペインである日系企業に訪問したとき、8時から仕事を始め、途中休憩はあったものの、14時までみんなが黙々と仕事をしていました。その後、みんなで食事に行くと、楽しそうに一時間半ぐらいみんなでワイワイと会話をしている。その中で、仕事の話も自然にしている。そこから帰って30分、翌日の仕事の準備をして、16時には解散。そんな働き方をしている職場に出会いました。実際にこの事業所の業績は良いそうです。メリハリのある働き方って何だろうと考えさせられました。

また、オランダやドイツでは数名単位でのワークシェアリングが進んでいます。週4日勤務、週3日勤務の人たちが複数で協力し合い、連動して働いています。そうすると、仕事は個人につくのではなく、数名単位でシェアしながら行うことになる。グループウェアなどを使い、絶えず情報を共有し、出社が重なる日に、同じチームの人たちが状況と課題をシェアしながら、一緒に相談して動きを決める。特に困ったことはすぐに相談して、すぐに解決に動き出すのだというのです。

ワーキングシェアをしたら、非効率だ、仕事は一人でするのが当たり前だと考える人もいるかもしれません。一人ひとりの役割や目標を明確にしないと、やる気も責任感も出てこない。確かにそんな職場、仕事もまだまだあるでしょう。

でも複数で同じ仕事をすることで得られるのは、単なる補完ではなく、力を引き出し合い、支援し合う新たな関係です。それは今までの当たり前を超える大きな原動力になるのではないでしょうか。

海外だけでなく、他の業種、ベンチャー企業などを見ていくと、大手企業の常識では考えられないようなことを自由に発想し、取り組んでいるところがあります。そのときに、規模が違うからとか、若い社員が多いからと切り捨てないでほしいのです。なぜ、そんなことができるのか、その背景にどんな価値観や考え方があるのかを探ってみてほしいのです。

わたしたちはこれから、答えのない世界の中で、より良いものを見つけようと努力し続ける必要があります。それは、少なくとも今までの経験だけでは見つけられない、今までの当たり前や常識を大きく超えていく何かを見出さなければならなくなります。

静かなる分断を超えるためには、経営者から社員までがみんなでとらわれから抜け出すことが必要なのです。その上で、わたしたちは自分だけでなく、会社も、社会もともに幸せになる新たな世界を見つけなければならないのです。

5. 一致ではなく、重ね合わせ続ける

今起きていることをみんなで客観的に受け止め、その背景に人の心理、弱さがあることを知る。その上で、議論ではなく本当にみんなが求めていることを見出していくための対話を重ねていく。その中で、自分たちが過去の常識、今までの当たり前にとらわれていることに気づく。根幹を問い直してみる。そこに本質的な意味が見えてくる。人は何のために働くのか、組織は何のために必要なのか、これからの社会に真に必要とされる人と組織とは何なのか。そんな問いが自分たちの目線を大きく変えていくことになります。

ここまで来たら最後は、静かなる分断を超えて、未来へともに踏み出していく段階に入っ

てきます。ここで大切なのは、「一致する」ことを求めるのではなく、「重ね合わせ続ける」という発想を持つことです。

どこかで誰かが意思決定をして、決めたらみんなが一致団結で、同じように動き出す。確かにこの方が組織を統合し、効率的かつスピーディに動かすには有効なように思えます。しかし、そこに本当にみんなが心から同じ思いを持てているのか、違う思いや違和感を持ちながら、会社が言うことに従う、受け入れているだけの人はいないのか。

逆に、これからつくりだそうとしている新しい関係、会社という場所のあり方に、共感できないという人もいるかもしれない。そういう目線をどこかで持ち続けていないと、またそこに新しい壁、静かなる分断をつくりだしてしまうかもしれません。

根幹で求めるものが違ったら、どうすべきなのか

実際にここまで対話を積み重ねていけば、なんとなくみんなの思いが重なり合い、これを大事にしよう、ここからやっていこうということが見えてきます。心的エネルギーが高

まり、組織全体を動かす力も生まれてきます。でも逆に、自分は違う、自分が根幹で求めていることとは違うということが明確になってしまう人も出てくるかもしれません。

根幹で求めていることが違う。たとえば、自分は会社という場所は、個人がやりたいことを実現する場所で、個人の成長を支援する場所だと思ってきたのに、何よりも互いの関係性や協力が大事であり、みんなで一緒に会社をつくろうと言われると、そこに自分が参画していく姿がイメージできない、何か自分の思いとは違うと感じる人が出てくるかもしれません。そういう人からすると、ともに会社をつくり、育てるという発想自体を受け入れられない。

ここで働く人たちがどういう場をつくりたいか、どういう関係をつくりたいか。そこだけは一致しないと、やはり前に進めなくなります。この場所でともに働くために、共有したいことだけは明確にする。それは会社が与えるパーパスではなく、自分たち自身の言葉から出てきた自分たちがつくりたい「場のあり方、場の定義」なのだと思います。

実際にそこで一致できない人は、辞めるという選択を取るかもしれません。そのほうが本人にとっても周囲にとっても良いことなのかもしれません。

ただ、早まらないでほしいのです。なぜなら、**この場のあり方の根幹は変わらないとしても、そこで何をどう決めどう動くかは、ここからいくらでも進化させていくことができるから**です。その中での自分の考え方も変わるかもしれない。周囲との関係性も変わるかもしれない。そうやって、一緒に進化させていくことができる場だと思えば、その場に居続けようと思う人も出てくると思います。

ここで大切になるのが、**一致することよりも、重ね合わせ続けるという発想**なのです。

すべてに共感ではなく、重なる部分を見出していく

人の考え方や価値観は多様で、完全に一致することは難しい。それでも、本当に大切にしたいことを出し合い、重なる部分を見つけることができれば、そこに参画する意味が各人の中に見えてきます。

会社のパーパスやビジョンにすべて共感し、すべてを受け入れる必要はない。でも、そ

の背景にある思いや志を聞く中で、自分とつながるものがあったら、それを自分に引き寄せればよい。自分がここに参画する意味を見出せればよい。

そしてさらに、自分と重なった部分をみんなで共有してみる。するとそこにさらに重なりの大きな部分が見えてくる。そこになんとなく、まずはやってみようという共有感が生まれたら、誰かが動き出せばよいのです。そのとき、周囲の賛同や応援が自然とついてきます。


実際に、わたしたちジェイフィールでも、コロナ禍で事業がいったん停滞したときに、自分たちの存在意義を自ら問い直そうということで、対話を何度も行いました。

ジェイフィールには、「仕事が面白い、職場が楽しい、会社が好きだ。こういうことを子どもたちの前で堂々と語れる大人を増やそう」という創業の思いがあり、「社会科学系技術開発ベンチャーになろう」とか「良い感情の連鎖を起こそう」など、創業時から大切にしてきた言葉がいくつもあります。

でも、こうした創業時の思い、実際にこの言葉をつくってきた人たちよりも、その後入社してきた人たちの方がはるかに多い中で、本当にその思いがみんなの思いになっているのか。もう一度、今のメンバーたちで思いを重ねていくことが必要なのではないか。そんな問題意識から、みんなで未来はどうなるのか、その中で自分たちに求められる社会的役割はどう進化していくのか、そのとき自分たちは何を目指していきたいのかということを、2週間に1回のジェイフィール会議の中で、繰り返し何度もテーマを決めて対話を重ねていきました。

その中で大きく意見が分かれたことがありました。それは社会全体が大きく変化する中で、自分たちは社会課題解決を支援する企業に進化しなければならないという議論でした。大筋では合意できる。でも、人の心の変革に寄り添うことが何よりも大切だと思ってきた人たちから、何か違和感があるという意見が出てきたのです。社会のために、社会の課題のために何かをしなければならないと押し付けられているように感じる。そういう人間でなければならないと言われているように思う。大切なことだとわかっていても、賛同を強いられるというのは、本当に人に寄り添っているといえるのかという自問自答でした。

何かを決めるということは、誰かに何かを強いることになる。それは、ジェイフィールがつくり出したい世界観、企業観なのだろうか。わたしたちは本当にどんな場所をつくっていきたいのかという対話をそこから重ねていくことになります。

正直、行ったり来たりの対話に、本当に何も決められないのではないかと思うこともありました。でも、その毎回の対話の積み重ねの中で、会社という場所のあり方がだんだん見えてきました。その対話は最後、こんな言葉に集約されました。

ここにいると、違いを越えて、みんながつながる
ここにいると、世界が広がり、思いが湧いてくる
ここにいると、想いが重なり、踏み出したくなる

そんな人たちが、人と組織と社会の壁をなくし
互いの未来のために自然につながっていく
私たちはそんな世界を皆さんと一緒につくりたい

不透明な時代、多様性の時代の中で、状況はどんどん変わっていく。人が未来を切り拓き、新たな世界をつくり、生き残っていくために、絶えざる知恵と革新が求められる時代。だからこそ、多様な人たちが違いを超えて、自ら世界を広げ、その中で思いを見出し、未来への想いに変えていく。それが自然と生まれる場所。それが人と組織と社会の壁をなくし、未来を切り拓く力になるのではないか。わたしたちは、そんな場所をつくる応援がしたい。

この結論に至るには、結局、９か月ぐらいかかったと思います。でも、その中で対話したこと、そこから見えてきたそれぞれの思いや違い、一方でみんなの目線の広がりと思いの重なりが、自分たちの未来をつくる原動力になるという確信も生んでくれました。

ここから、社内でいろいろなプロジェクトやチームが生まれ、定例会議の場で多様な角度からの対話が繰り返され、その中で物事が自然と動き出す状況が生まれています。**対話をあきらめない、対話を重ね続ける**ということが、会社のコア、原動力になっています。

わたしたちは今、静かなる分断を超えて、真のつながり、ここに集う意味を問い直す時期に来ています。同時にそれは、そこで働く人たちが再び、主権を取り戻す、すなわち**こ**

の場所は「一緒につくり、一緒に育てる」という気持ちが自然と湧いてくるような関係に変わるということが必要なのだと思います。

ゆくゆくは会社という場所は、いろいろな雇用形態、働き方をする人たちが自由に関わり、出入りする場所になるのかもしれません。だとしても、そこに関わりたい、そこでつながりたいと思える何かが明確になければ、誰もその場所に近づいてくれません。

しかもそこに関わると、互いの中のある違いが自然とつながり、未来への想いが生まれ、みんなで踏み出したくなるような感情と行動が連鎖していく。そんな場所になれば、そこに関わり続けたい、一緒に頑張ろうという人たちが増えていくのではないでしょうか。

人が人生の主役としての主権を取り戻した今、会社という場所にも働く人たちが主権を取り戻すことで、人も組織も自分らしい、自分たちらしい生き方を見つける。そういった時代を迎えようとしています。勇気を持って、会社という場所を自分たちの手に取り戻す、そんな対話を重ねていきませんか。

第5章
静かなる分断を超える七つの対話

仕事、職場、会社をみんなで問い直す

本章では、何を対話したらよいのか、対話の入り口になる材料を提供します。前章で述べた静かなる分断を超える5つのカギを基本スタンスとして共有した上で、7つのテーマについて、同世代の仲間と、職場の同僚と、上司や経営者と対話してみてください。

このとき、現状を客観的に知り、その背景を深掘りしながら、本当に望んでいることが何かを明らかにする。その上で今を問い直し、自分たちが一緒に探究していくことが何かを明らかにしていく。このプロセスで対話をガイドしていきたいと思います。

ぜひ各テーマを「対話のお題」だと思って、向き合いたい相手、仲間たちと共有して、このプロセスに沿って対話をしてみてください。

仕事を問い直す

何が起きているのだろうか？

あなたは仕事が面白いと思っていますか？
あなたは仕事にやりがいを感じていますか？
そもそも、仕事に面白さ、やりがいを求めていますか？

こう聞かれたとき、あなたはどう答えますか。

仕事は生活のため、お金を得るためにするもの。
仕事は苦しいもの、つらいもの、大変なもの。
仕事は責任を伴うもの。与えられた責任を果たすから、報酬が得られる。
仕事は楽しむもの。自分次第で仕事は面白くすることができる。

仕事は自分の人生を豊かにしてくれるもの。人は仕事を通じて成長する。

いろいろな価値観が生まれ広がる中で、ちょっとした働き方や振る舞い方の違いで、仕事へのやる気や姿勢が根本的に自分とは違うのではないかと思ってしまう。そこに何か見えない壁があるように感じてしまう。がむしゃらに、時間に関係なくやることが健全ではない。だからとって、ここまでやればよい、余計なことはやらないと割り切ることも、健全とは思えない。お互いになんとなくモヤモヤしながら、本当は仕事とどう向き合ったらよいのかわからなくなっている。仕事って何なのか、仕事をする意味はどこにあるのか、あらためてみんなで考えてみませんか。

背景に何があるのだろうか？

仕事への姿勢、仕事との向き合い方は世代によって異なっているように見えます。どんな違いがあるのでしょうか。

バブル期に「24時間戦えますか」と軽快なフレーズで語りかける栄養ドリンクのCMが

あったことをご存じですか。この時期を過ごした60代、50代後半の世代は、世界へ飛び出し、自ら仕事をつくり、大きな成功を勝ち取ることが喜びになる。そんな経験をした世代です。仕事中心、がむしゃらに働くことが苦にならず、仕事にやりがいを求めてきました。

ところが、バブル経済が崩壊して就職氷河期に入ると、仕事に就くことだけで大変な時代が来ます。一度就職したら簡単には辞められない。仕事に追われ、休みも十分に取れない中で、成果ばかりが問われる。目の前の仕事を自力でやりきることが仕事だと思って頑張ってきた。働きがいも、働きやすさも得ることがなかなかできなかった世代でもあります。

逆にそうやって仕事を抱え込んで疲弊していく親、大人たちを見て育ってきたのが今の若手・中堅世代です。真面目な人ほど、断れない、強いられる、抱え込む。心や体を病んでいく。そんな風になりたくない。休みはしっかりとって、自分らしく、無理せず働きたい。コスパ、タイパ重視、余計なことはしたくない。そういう気持ちが、ブラック企業という言葉に敏感な人たちを増やしています。仕事に働きがいよりも、働きやすさを求める世代なのかもしれません。

さらに、女性は会社の都合に翻弄されてきました。バブル期に女性総合職採用が始まり、キャリア意識の高い人たちが多く採用されます。でもそれは、自分の生活よりも仕事を優先する生き方を強いられるものでもありました。仕事を通じた自分のやりがい、成長をどこまで追求するのか、ワークライフバランスを実現できるのか、迷いながら、必死にここまでやってきた世代です。

働きがいを実感してきたバブル世代、働きがいも働きやすさも得られなかった就職氷河期世代、働きやすさが何よりも大事だと思う若手・中堅世代、働きがいも働きやすさも両方得たいのに、そのバランスに苦しんできた女性たち。

そんな人たちが今、一緒に働いています。働きがい重視の経営層からすれば、働きやすさも大事だけれども、それ以上に、仕事にやりがいを感じ、仕事で成長することが大事。だからもっと仕事に真剣に向き合ってほしいと思う。でもそれが、単にもっと働け、がむしゃらに働くことが大事だとしか受け止めてもらえない。

何が問われているのだろうか？

大学の授業で「働きがい」と「働きやすさ」のどちらを重視するかを対話してもらうと、

「働きやすさ」だと回答する人の方が多くなります。その理由を聞くと「自分のやりたいことをしたいので休みがしっかりとれることが大事」「人間関係のストレスを感じないことが大事」「働きに見合う給料がもらえたらそれでよい」と答える。これに対して、「働きがい」を求める派は「やりがいのない仕事をいつまでも続けられるのか」「仕事で成長することは人として必要なんじゃないの」と働きやすさ重視派に問います。ところがなかなか響かない。

「どうして働きがいを求めないのか」と聞いたところ、「そもそもコロナ禍もあり、みんなで何かに取り組んでやりがいを感じた、そこで自分が大きく成長したという経験がない。だから、仕事でやりがいと言われてもイメージが持てない」という声が出てきました。

若手研修でも、働きがいを感じていますかと問うと、不満の方が先に出てきてしまう。「任されているようで任されていない。最後のプレゼンは上司がしてしまう」「自分の方が詳しいのに、難易度の高い仕事はやらせてもらえない」「成果を上げても当たり前という感じで、誰も本気で褒めてくれない」。そんな声ばかりで、働きがいを感じた瞬間がないと言うのです。

本当にやりがいや働きがいを感じる仕事ができていないのか、あるいはそんな瞬間があってもそれをやりがいだとか働きがいだと認識できていないのか。

リチャード・ハックマンとグレッグ・オルダムによる職務特性理論というものがあります。仕事の特性によって、人のやる気が変わるというものです。自分が持つ多様なスキルや才能を活かせる仕事（技術多様性）で、初めから終わりまで関われる仕事（タスク完結性）で、他者の生活や社会に影響をもたらす重要な仕事（タスク重要性）だと、意味のある、価値のある仕事をしているという実感（仕事の有意味感）が高まります。さらに、自分のやり方で進められる自由度が高い仕事（自律性）だと仕事への責任感が高まる。結果がわかる仕事（フィードバック）だと自己の成果を客観視することができる。これら5つの要素が満たされるほど、モチベーションが高まるという理論です。

今、問われているのは、**仕事に対する価値観や考え方の違いではなく、仕事のやりがい、仕事の意味を実感できている人が少ないということ**なのではないでしょうか。上司も先輩も分断された中で閉じて働いていて、良いフィードバックをもらうことがない。だから、この仕事をやっていてよかったと心から思える瞬間がない。これでは、本当は良い経験をしていても、それを若手にイキイキと語れないのではないでしょうか。

一緒に探究してみよう

あらためて仕事って何だと思いますか？

仕事は与えられ、やらされることなのでしょうか。「仕事」すなわち「仕える事」なのでしょうか。自分の意思で「働く」のではなく、誰かの意思で「働かされる」ものなのでしょうか。

森鷗外は著書の中で「仕事」を「為事」と書いています。「しごと」は仕えることではなく、為すこと。付け加えるなら「誰かの為に、何かを為す」こと。つまり、誰かの幸せのために、自らの意思で何かをしようとすることが、「しごと」の本来の意味なのではないでしょうか。

「働く」も文字通り、単に「人が動く」と捉えるのか、「人の力を重ねる」と捉えるのか。本来は、一人で黙々と動き続けることではなく、いろんな人たちと力を重ね合わせ、自分一人ではできないことを、ともに成し遂げていくことなのではないでしょうか。

では、どうしたら仕事の意味や意義を自分たちの手に取り戻せるのか。このとき大切なのは、一人で仕事と向き合うのではなく、みんなで向き合ってみることです。自分だけではない、それぞれの中にある思いを引き出し合う対話をしてみることです。

最初の対話では、各人の仕事の中にある小さな喜びを持ち寄ってみてください。達成感や充実感を得た瞬間、感謝されて嬉しかった瞬間、自分の中では頑張ったちょっとした工夫の中に小さなやりがいがないか対話してみてください。最初はそんな経験がある人からで構いません。でも話を聞くうちに、自分にも同じような経験があると気づく人も出てきます。

次に行う対話では、自分たちの仕事の先にあるものを想像してみてください。自分たちの仕事が誰にどうつながり、それが顧客にどのような喜びを与えているのか。その人たちの生活や未来にどんな意味をもたらすのか。実際に、自分たちの先にある他部署の声や顧客の声を集めてくる、対話してみることができたら、さらに見えてきます。

ここまで来たら最後の対話は、各人がこの仕事から得られるもの、得られる喜びとは何だと思ったか、出し合ってみてください。その上で、各人にとっての仕事の意味や意義が見えてきたら、それを互いが実感できるようになるためにどんな取り組みをしたらいいか、一緒に知恵を出し合ってみる。

こうした対話を通じて、仕事を自分たちの手に取り戻す。みんなでいろんな角度から、仕事と向き合ってみる。すると、自分の中に小さな思い、小さな喜びがあることに気づけるかもしれない。その思い、喜びを持ち寄って、この仕事の意味、この仕事から得られるものが何かを一緒に考えてみてください。何か大切なものがきっと見えてきます。

働き方を問い直す

何が起きているのだろうか？

仕事の意味や働きがいが少し見えてきた。でも目の前の仕事の仕方が変わらない。いくら休日が増えても、働きやすい環境にはならない。働き方、仕事の仕方を問い直す必要があります。

目の前の仕事に追われる日々。自分の仕事は自分にしかわからない。急な仕事が入ってきたら、残業してでも自力でやりきるしかない。仕事量が多過ぎる。休みも自由に取れない。男性でも育休を取得したいけれども、周囲に迷惑をかけると思うと言い出しづらい。しかも実際に仕事をしていると、時間がかかることや重複すること、無駄なことが多過ぎる。同じような書類を何度も作成しなければならない、承認に時間がかかる、何も決まらない会議も多い。相談できない、確認できない中で、仕事が止まってしまうことも多い。社員は、この自分で抱え込まなければならない状況や、無駄、非効率な組織運営に不満を持っている。

ところが経営層は、現場の生産性、一人ひとりの生産性が低いと思っている。

確かに日本企業の生産性、特にホワイトカラーの生産性は低いといわれます。日本生産性本部「労働生産性の国際比較２０２３」によると、ＯＥＣＤ加盟国38か国中、日本の時間当たりの労働生産性（1時間当たり付加価値）は、52・３ドルで30位です。一番生産性の高いアイルランドの時間当たり労働生産性は、日本の約３倍。名目ＧＤＰで日本を抜いて世界第3位となったドイツの時間当たり生産性は、日本の約１・５倍です。しかもドイツの年間平均労働時間は日本が１６１１時間に対して、１３４３時間（ＯＥＣＤベース、２０２３年）と低い。

どうしたらもっと効率的に、生産性高く働くことができるのだろうか？
どうしたらもっと働きやすい状況に変えていくことができるのだろうか？

もしかすると、もっと少ない時間で効率的に働き、より大きなアウトプットを生み出す方法があるのかもしれない。ところが今は、社員からすれば会社が非効率だといい、会社からすると社員の生産性を上げる努力が足りないという。

これで、組織としての生産性を上げることはできるのでしょうか。一人ひとりが無理なく、それでいて、より良く働くことができるのでしょうか。

背景に何があるのだろうか？

日本の高度経済成長を牽引した原動力になったものにＱＣサークルという小集団改善活動があります。各現場が品質と生産性向上のために知恵を出し、改善活動を行うというものです。経営層の世代からすると、この現場力、現場改善力が弱くなっている。だから生産性も上がらないと考えてしまう。

一方でバブル崩壊以降、社員の主体的な活動ではなく、経営側からの改革主導で組織が運営されるようになり、何をするかは会社が決める、自分たちが勝手に変えることはできないという意識が組織全体に広がっていきました。

その中で、一人ひとりが仕事を抱え込む。一人ひとりが真面目に自分の仕事を落ち度なくやろうとする。すると、いろいろな部署から同じような要望が来る。でも、誰も調整しない。上の人が必要だというのでと言われると、やらざるを得なくなる。気づくと不満を抱えながらも、何も変えられない、変えることで自分に大きなストレスがかかるぐらいなら黙っていようという心理が働く。

現場が自主的に改善しながら生産性を上げるのが当たり前だと思いながら、結局は上から必要なことを指示して下ろしてくる経営層。一方で、それぞれが目の前の仕事、上からの仕事に追われ、それが現場のどんな負担になっているのかが見えない管理部門。そこで疲弊していても、余計なことは言わない、変えるのは大変だと黙り込んでしまう現場社員。
こんな掛け違いがそのまま放置され、誰もが無駄だと思うことをなくせない、共通化すれば楽になることが調整できない、新しいやり方を提案することができない。これでは誰も楽にならないし、生産性も上がらないのは当然だと思いませんか。

世界は、ＩＣＴやＡＩを活用しながら、もっと少ない時間で効率的に働く方法への転換を図っている。でも日本では目の前の仕事に追われているから、何かを変えるために検討する時間すら取れないと言って止まってしまう。この状態を続けていてよいのでしょうか。
各人の負担を減らしながら、組織としてより良いものを生み出す働き方とは何か。少なくとも今の働き方を続けることは、個人の働き方改革という視点からも、組織の生産性向上という視点からも、もう無理が来ている。そんな認識を共有することから始める必要があります。

何が問われているのだろうか？

そもそも、良い働き方とは、生産性を上げるとはどういうことなのでしょうか。そのイメージを共有しなければ、互いの論理をぶつけ合うだけになり、かみ合わない状況が続いてしまいます。

生産性が高いとは、投入したインプットに対して、生み出すアウトプットの比率が高いことを指します。そう考えると生産性を上げるには、インプットを減らすことでアウトプットが増えるメカニズムをつくりだすことが必要です。換言すれば、労働時間を減らしても、生み出される製品やサービスの量も質も高まる状態をつくるということ。そう考えると、かなり大きな工夫、知恵、革新が必要なことが容易に想像できるはずです。

そのとき、2つの目線でそのメカニズムを考える必要があります。1つ目は今のプロセスを前提にしつつ、無駄をなくして、仕事を効率的に進める方法をつくりだすこと。もう1つの目線は、新しい技術を導入して、人を介さない、人がより重要な仕事に集中できる新しい仕事のプロセスをつくることです。AI、DXなど、新しい技術を使うことで、情報を集めたり、優先度や段取りをつけたり、より効率的かつ効果的な方法を選べるようにする。あるいは外部の力を借りて、やるべきことに集中できるようにする。

確かに前者だけでも、先ほど示したように無駄を省くこと、重複をやめること、調整を迅速に行うことで、働き方を変えることはできます。本当にこれは誰のための仕事なのか、顧客目線で必要なことなのかをしっかり問い直しながら、一人ひとりが効率的に働く方法、互いが協力し合うことで効率性を高める方法を見出していくことが必要です。

ただ、各人の働く時間が減っても、生産性を上げるためには、もっと革新的な仕掛け、仕組みが必要になります。

そのためには、互いの働き方の知恵を持ち寄り、個々人もより効率的に働く方法を見つけ、さらに新しい技術や外部の仕組みを使って、自分たちがより良い働き方になるような新たなプロセスを創造する必要があります。

ただここで壁に当たるのは、今までのやり方をやめる、変えようとすると、抵抗する人、それがさらに負担になると思って、止まってしまう人が、経営層にも社員にも出てくることです。だからこそ、互いの不安も持ち寄り、一緒に考える対話が大事になるのです。

一緒に探究してみよう

働き方改革というと、残業時間をなくし有給休暇の取得率を上げること、男性も含めて育児休暇の取得率を上げること、さらにはそれぞれのライフステージに合った働き方、働く時間を可能にする制度ばかりが注目されます。一人ひとりが無理のない、健康な働き方を実現することが、働き方改革の中核ではあります。

ただ経営者からすると、そうした働き方をすることが会社の生産性や創造性を高めることにつながるロジック、メカニズムが見えないと、本心から働き方改革を推し進めていくことは難しい。どこかモヤモヤとしたまま、人的資本経営に移行しなければならないからやらざるを得ないと思って進めていると、どこかでまた逆戻りしてしまうのではないでしょうか。

本当に労働時間を減らすことが、生産性、特に創造性を高めていくことになるのか。そこにどんな論理があるのか、一緒に探究してみることが必要です。

ドイツをはじめ、幸福度や競争力の高い北欧の国などでは、まさにこの労働時間を減らすことでより高い生産性を実現してきました。

ドイツの労働環境に関して長年研究されてきた田中洋子名誉教授は、ドイツの中で働く時間は労働者が決めることができるという「時間主権」という概念が、ドイツ人の働き方を変え、それが生産性向上にもつながったことを指摘しています。

経営層や管理職も含めて、自分にとって最適な働き方、働く時間を申請でき、それを会社が拒否することはできないということが法律で決まったのです。だから、週四日勤務の人や長期休暇に入る人が一緒に働いていても、互いの仕事の状況をシェアし、カバーできる仕事の仕方に変えなければならなくなりました。一緒に出勤しているときに、情報を持ち寄り、調整を行い、課題を明確にし、相談して解決していく。そうなると、自分だけで抱え込まない、判断をしないから、かえって自信をもって物事を進めていくことができる。さらに、そこで知恵が出てくる、お互いの知識や経験を重ねることで、よい良いやり方を見つけることができる。そんな働き方に変わっていったのです。

それ以外にも、ワークシェアリング先進国のオランダやデンマーク、フィンランドなどの北欧企業の働き方を調べていくと、仕事の仕方の工夫と知恵がたくさんあることがわかります。定型化できる業務を共有し、自動化するものや外部化するものを明確にする、すりあわせの会議は立ちながら短時間で行う、明日やることを事前にタスクメモにしてから帰ることを習慣化するなど、日々の仕事の中でいかに段取り良く効率的にするか、それをどう組織的により良い形にしていくか話し合うなど、いろいろな知恵を出し合っています。

でも大切なのは、仕事を一人ひとりが抱え込む状況をつくらない。仕事はチームでやる。全員がヨーロッパのように1か月もの長期休暇を取っても、仕事が回る、むしろより良い知恵が集まる仕組みがあるはずだ。そんな目線で、みんなで生産性と創造性が高まり、休みがしっかりとれる働き方改革、生産性革新を起こせないか、一緒に対話してみてもらえませんか。

職場を問い直す

何が起きているのだろうか？

働きやすい環境をつくり、働きがいを実感しながら、個人も組織も生産性を高めていく。

そのために、職場の仲間とどのような関係をつくっていくか？
職場をどのような場所に変えていきたいか？

職場はあくまで仕事をする場所。だから必要な情報と設備が整っているかが大事。
職場は互いの仕事をつなぐ場所。だから風通しの良いコミュニケーションが大事。
職場は知恵と革新を生み出す場所。だから創造的な対話と挑戦ができることが大事。
職場は心が交流し合う場所。だから互いに寄り添い、相談し合い、助け合うことが大事。

実際は、助け合う職場もあれば、孤立して追い込まれていく職場もあります。人の関わり方を通じて職場を感じる人もいれば、感情を閉ざして働く場所が職場だと思っている人もいます。

それがコロナ禍を経験し、職場の概念がさらに多様になりました。自分の家、自宅の部屋が、オンライン上のウェブ会議室が、サテライトオフィスやカフェが職場になった人もいます。

職場をコミュニケーションの場と捉えるのか、個々人が作業をする仕事場と捉えるのか。

職場の意味、意義が問われ始めているのです。

オフィスという空間は、何のために必要なのでしょうか。オンラインでは本当に感情が交流し、互いを支え合う関係はつくれないのでしょうか。今、わたしたちは職場で一緒に働く人たちに何を求め、どのような関係をつくりたいと思っているのでしょうか。

あらためて、ともに働く意味、ともに働く場所としての職場のあり方を一緒に考える必要があるのではないでしょうか。

背景に何があるのだろうか?

「リモートワークを続けたい」「オフィスに集まって働く方が良い」「どちらかに偏るのは良くない。バランスがあるのでは」。この意識の違いはどこから生まれるのでしょうか。

リモート中心で働きたいという人にも、いろいろなタイプがいます。家族との時間や私生活を大切にしたいと気づいた人、通勤ストレスや人間関係のストレスから解放されたいという人、リモートワークの方がより仕事がはかどる、集中できるという人もいます。

その背景には、今までの働き方の中で無理をしてきた自分がいたのではないでしょうか。だから、リモートワークという新しい働き方を体験したとき、素直に気持ちが楽になった、解放された。それは簡単に手放したくないと思うのは自然なことだと思います。

一方で、やはりリアル出社が大事だ、できれば前のようにみんなで一緒に働きたい、働くべきだと思う人もいます。ちょっとしたことでもすぐに相談することができた、先輩からいろいろなアドバイスをもらえた、みんなでワイワイ対話することで知恵が湧いてきた、落ち込んでいたときに励ましてもらえた、何かを達成したときに喜びを分かち合えた……。こういった経験、瞬間を職場の中で積み上げてきた人たちは、ともに働く意味、喜びを心の中に持っています。

ともに働くことの意義を実感してきたのか、そう思える瞬間がほとんどなかったのか。それによって受け止め方が大きく異なっているのではないでしょうか。

こうした感情の違いが生まれている中で、経営者からコミュニケーションが大事だから全員出社体制に戻しますと言われても、一方的だ、社員の気持ちをわかろうとしないと感じる人が出てくるのは当然です。出社した方が必ずしも良いコミュニケーションが生まれ、良い支え合いと対話が生まれ、イノベーティブになれるとは思えない。前のように個々人が淡々と目の前のことをこなす職場のままなら、リアル出社に戻す意味がない。

さらに、管理志向の強い組織では、言葉通りに受け止められない。どうせ、オンラインだとさぼっている人がいるから管理しようとしているだけではないかと思ってしまう。

職場という場所がイキイキ、あたたかい場所であれば、誰もがその意味を見出せたのだと思います。ところが職場という場所が、ギスギス、冷え冷えとした場所だった人からすると、あの場所には戻りたくないと思う。そんな心理が働いているのではないでしょうか。

何が問われているのだろうか？

今、問われていること、それは「ともに働く意味や意義」をあらためて共有すること、しかもそれが実感できる職場を取り戻すことなのではないでしょうか。

わたしは、リアル出社でなければつながれない、支え合えないとは思いません。でも、人のコミュニケーションには、言語コミュニケーションだけでなく非言語のコミュニケーションもあります。言い換えると、人は情報を伝達し合うだけでなく、感情も伝え合っている。それは言葉だけでなく、表情や振る舞い、そこから生まれる空気感を通じて、コミュニケーションしています。

オンラインでのコミュニケーションの難しさは、この非言語のコミュニケーションが難しいことです。それこそオンラインミーティングで画面を消していると、表情も振る舞いも見えない。反応も見えない、雰囲気を感じ取ることができない。

職場にいるとそれがなんとなく感じ取れる、それこそ職場全体の空気を感じる。それがギスギスした感情や冷え冷えした感情、ネガティブな空気感をつくると、互いの距離をさらに広げ、コミュニケーションを難しくする。でもそこにイキイキした感情やあたたかい感情、ポジティブな空気感が広がると、互いの距離が縮まり、心理的な安全性が高まり、良いコミュニケーションが生まれる。

大切なのは、オンラインであっても、リアルであっても、良い感情が広がっているかではないでしょうか。そして、リアルであるほど、この感情が伝播しやすく、プラスにもマイナスにも大きく振れるということを意識する必要があります。

では、より良い感情が生まれ、連鎖することが本当に必要な場面とは、どんな場面なのでしょうか。それは、困っていることに寄り添い、助け合いたいという場面と、思いと知恵を持ち寄り何かを生み出していく場面です。支援と解決、協力と共創が必要なときほど、顔を突き合わせ、非言語のコミュニケーションも含めて、互いを感じ取り、ともに悩み、支え、対話することが求められます。

この支援と解決、協力と共創が、会社にとっても個人にとっても本当に必要だということを実感する場面をたくさんつくりだしていくことが、ともに働く意味を取り戻すということになるのではないでしょうか。

一緒に探究してみよう

職場を、自分が仕事をする場所（仕事場）として捉えるのか、互いの仕事や思いをつなぐ場所と捉えるのか。それによって、職場の意味が大きく変わります。

伊丹敬之名誉教授は『場の論理とマネジメント』(東洋経済新報社)という著書で、「場とは情報的相互作用と心理的相互作用の容れもの」であると言っています。場が共有されれば、そこに情報が交流するだけでなく、感情が行き交う。その感情が共鳴し、共感を生むことで、心理的エネルギーが生まれる。それが前向きな行動の連鎖を起こしていく。

そう考えると、オンラインであれ、リアルであれ、そこに情報の交換だけでなく、感情の交流があり、それが重なり合うことで心理的エネルギーを生み出すことができているかが大切になるのではないでしょうか。そうした感情交流と心理的エネルギーが生まれていなければ、それは職場とはいえないのではないでしょうか。

そのカギになる概念が、組織感情というものです。自分たちの職場に足りない感情は何なのか、どんな感情が広がる職場にしていきたいのかを一緒に考えてみる。そうした感情が広がるために、どのような取り組みをしたらよいのかをみんなで知恵を出し合う。そうした対話と取り組みを重ねていく中で、自分たちの中に良い感情の連鎖を起こしていく。こうした良い感情が連鎖する土台としての職場が生まれれば、そこに集う意味、ともに働く意味がさらに高まっていく。それが支援と解決、協力と共創を生み出していく。

職場は、自然環境の観点で考えると、土壌だと思います。豊かな土壌には、水と空気の流れがあり、菌や微生物が分解と創造と伝達を促しています。この豊かな土壌があれば、植物は芽を出し、葉を茂らせ、実をつけます。そこにさらに虫や鳥が集まり、種を運び、豊かな土地が広がっていく。職場づくりは、この土壌づくりと似ているのはないでしょうか。

みんながすくすくと育っていく、元気にイキイキとする、そんな土壌づくりをする。そこに息づく生物が互いに影響を与えながらも、支え合い、成長していくことで、多様性が広がり、それが互いを支え、場全体の持続性を高めていく。

人が育ち、そこに心的エネルギーが生まれ、それが人と組織の行動を変えていく。そこで得られたものがまた、人を育てる土台になり、それぞれが自分らしい力を発揮できる土壌をつくっていく。そんな土壌をどうつくるか、良い感情が行き交う職場をどうつくるか。一緒に知恵を出してみませんか。

管理職を問い直す

何が起きているのだろうか？

こんな職場をつくるとき、やはり大切な役割を担っているのは管理職です。ところが今、管理職という役割が魅力的に見えているか、管理職がイキイキしているように見えるのかと問われると、首をかしげる人が多いのではないでしょうか。むしろ、疲弊している管理職、苛立っている管理職ばかりが目に付いていないでしょうか。

管理職をめぐる最大の問題は、今の管理職、マネジャーが魅力的な存在になっていない、むしろ誰もなりたくない存在になっているということです。

自分の仕事だけでなく、一人ひとりのケアとサポート、組織成果の追求をリードしなければならない。しかも、管理職になると残業代も出ない。個々の事情で早く帰る人がいて誰もフォローできなければ、あるいはトラブルがあっても他の人が忙しければ、すべて管理職が引き受けなければならない。会議への出席、職場内の調整、手続きの申請、承認、管理などいろいろなことに追われる。時間的にも体力的にも過剰な負担を強いられる中で、イライラする上司、落ち込む上司ばかりをつくってしまう。

この状況を見て、職場のメンバーは管理職に、どのように向き合っているのでしょうか。大変だから上司を支えようとしているのか、上司なんだから当たり前だと傍観しているのか、むしろ自分への対応や支援がおろそかになっていると不満を募らせているのか。

管理職の上司、すなわち部長や本部長、役員たちも、そうした管理職と向き合っているのでしょうか。管理職の状況や悩みを聞いて、現場で抱えている課題を解決するためにフォローしているのでしょうか。業績を上げろ、管理を徹底しろと責めているだけになっていないでしょうか。

いろいろな調査を見ても、管理職になりたいという20代、30代が極端に減っています。実際に管理職を打診されたら約6割の社員が「断る」と明確に言っている調査結果（株式会社ビズヒッツ「管理職になりたくない理由に関する意識調査・2022年」）もあります。

また、管理職が罰ゲーム化しているという指摘もあり、共感を覚えた人も多くいるのではないでしょうか。
管理職という仕事自体が孤立し、周囲から距離を置かれ、静かなる分断が広がっている。あなたもそんなことを感じていませんか。管理職はこのままでよいのでしょうか。

背景に何があるのだろうか？

企業を実質的に動かしていくハブになっているのは、間違いなく管理職です。上からの方針、指示を受けて、現場の人たちを動かし、成果を出していく。それが管理職の役割だと言われる。実際に管理職研修で、人事部長が「あなたたちはこれから会社側の人間になります。もう従業員ではないのです。その意識を持ってください」と語るケースもあります。管理職は会社中心、仕事中心でつくられてきたこれまでの会社の論理を現場に浸透させる象徴的存在ともいえます。

でもそんな管理職を見て、若手も女性も管理職になりたくないと思ってしまう。その理由を聞くと、「仕事量も負担も大き過ぎる」「残業代もなく給与が仕事に見合ってない」

「自分は管理職には向かない」などの回答が返ってきます。ただ根幹にある一番大きな理由は「過度な責任を負いたくない」という気持ちです。

管理職になれば、自分だけでなくチームの業績も、部下のミスも、部下のメンタル問題も、顧客からのクレームも、すべて自分が引き受けなければならない。それをやりがいだと思ってきた世代もいますが、今はそうした問題の頻度も難易度も高まっている。それを引き受けることのストレスの大きさ、大変さを考えると誰も背負いたくないと思うのは、当然のことなのではないでしょうか。

女性管理職候補者への研修を行っていても、本当は管理職になりたくないわけではない。自分が逆に周囲のメンバーのためにもリーダー的役割をやりたいという人もいます。

でも、今の責任と負担を一身に背負う管理職にはなれないと言います。子どもが熱を出しても、トラブルがあったら帰ることができない。大事な家族イベントや学校行事があっても、管理職だから休めない。管理職になるということは私生活を犠牲にすることなのか。そう思うと手を挙げることをためらってしまう。

経営層は女性の管理職比率を上げるために、人事部に女性活躍推進の取り組みをするように言います。でも、その前提にあるのは、今の男性陣と同じように、会社中心、仕事中心で働く管理職像です。人事部もそれではなり手がいないと、頭を抱えてしまう。
何かがおかしいと思いませんか。職場の中で大事な仕事が、誰も本当はなりたくない仕事になる。管理職になることの意味もやりがいも見えてこない。このままでは本当に、管理職になる人がいなくなる会社も出てきてしまうのではないでしょうか。あらためて、魅力的で支えたくなる管理職像とは何なのか、考えてみる必要がないでしょうか。

何が問われているのだろうか？

管理職をめぐり根幹で問われていることは何なのでしょうか。

１つ目は、管理職に責任と負担が集中してしまう状況を変えることができないのかということです。管理職の上にいる経営者が最後はすべての責任を負うと言いながら、実際には管理職の中でどうにかしなければいけないことが多い。それこそ管理職の上司にあたる部長クラス、役員クラスの人が逃げてしまう会社もあります。社員も、うまくいかないことがあると管理職がしっかりしていないからだと責める。こんな状況になると、管理職の中にはうまくその責任、負担から逃げようとする人も出てしまう。

誰かに責任と負担が集中するということは、自分の責任と負担を押し付けている人もいるということです。こうした構造の中で働くことは不健全だと思いませんか。

自分が行う行為は、誰かに、何かに影響を与えます。であればそこには責任が生まれます。でも、その責任を押し付けられたら、それは負担になるだけ。大切なのは、責任を持つことを自然なこととして受け入れられる関係があるかではないでしょうか。

仕事への思いが強いから、だからこれは自分の責任だと思う。みんなで頑張っているから誰かがうまくいかないときは、チームの責任だと思って一緒に頑張る。こうした関係があるから、責任というものも前向きに受け止めることができるのではないでしょうか。

もう一つ問われているのは、**そもそも管理職という役割、存在がこのままでもよいのかということ**です。誰もなりたくない管理職ではなく、誰でも前向きにやりたい、やってもよいと思える管理職という姿に転換することができないのかということです。

時短で働いていても、週4日で働いていても、管理職という役割を担うことはできないのか。

そもそも何でも対応して、トラブルがあったらいつでも対応しなければならないという状況を変えることができないのか。仕事を管理して、仕事のトラブルを解決し、成果を出すという役割を、一人の管理職だけで背負わない方法がないのか。

本来の管理職の役割は、管理をすることなのか、職場のみんながより良く働ける状況づくりをすることなのか。管理職の役割は誰か一人でやらなければならないのか、分担したり、協力してやることはできないのか。これから管理職のあり方をみんなで探究してみませんか。

一緒に探究してみよう

管理職という存在をこれからどうしたらよいのか。誰もなりたくない管理職をこのまま維持するのか、形を変えるのか。あるいは魅力的な存在に変えていくのか。そんなことを役割、階層を超えて対話してみてください。

このとき大切なのは、「こんな管理職だったら無理をしなくても頑張れる」「こんな支えがあれば、自分も管理職になれる、なりたいと思う」そんな姿を探求することです。

一人ひとりと向き合い、困っていることにはいち早くサポートしてくれる。大事なことはすぐに相談して、一緒に考えようと言ってくれる。その中で決めなければならないときは、理由を明確にして決断してくれる。でも管理職もうまくいかない、困ったときは素直に周囲に相談できる。そんなときは、フォローし合って一緒に乗り越えていく……。

こんな管理職だったら、周囲も本人も幸せだと思える姿を描いてみる。さらに、管理職の働き方を変えるということも検討してみる。

先述した田中洋子名誉教授は、ドイツでは働く日数や勤務時間を各人が決められるという時間主権が浸透したことで、管理職でも時短で働く人たちが増え、ペアでマネジメントを行うという動きが起きていることを紹介しています。

タンデム方式と呼ばれるもので、二人ペアにして一つの部署の管理職という仕事を協力して担うというものです。実際に、グループウェアで情報を共有しながら、重なる日に状況を確認し、その中で懸念していること、課題になってきていることをすぐに相談し合う。そうすると、今までであれば一人で考えて、なかなかアイデアが出なかったことや自分だけでは決断できなかったことが、相談し合う中で良いアイデアや解決策が出てくる、決断して動くスピードも速くなる。自分だけで抱え込む責任から解放されて、より良い考え、選択ができるようになり、スピードも創造性も高まっているというのです。

管理職も一緒に働く仲間の一人です。しかも、誰かがうまくいかないときに、どうにかしてうまくいくようにガイドし、フォローしていく人たちです。その人たちが孤立し、疲弊していたら、逆にあきらめて機能しなくなったら、それは組織全体に影響を与えてしまう。だから、みんなで組織がうまく動く方法を考えてほしいのです。ぜひ、管理職とメンバーがともにイキイキと働ける組織運営、マネジメントのあり方を対話してみてください。

リーダーシップを問い直す

何が起きているのだろうか？

管理職に依存しない、管理職だけが過度な負担を抱えないためには、周囲のメンバーも一緒に動き出す、時には周囲をリードして自分が率先して動き出すことが必要です。でも、そうなると自分には難しいと尻込みしてしまう人も多いのではないでしょうか。

経営者は、方向を示して、決断をして、先頭を走り、みんなを引っ張ることがリーダーシップだと言います。その前提には、より高い意識と能力を持った人間がみんなを引っ張らないと組織を正しい方向に導いてはいけない。だから、多少強引であっても、自分が切り拓いていく、自分が先頭に立つという覚悟と行動が必要なのだという考えがあるからです。確かに変革期には強いリーダーは必要です。でもそんな人でないとリーダーシップは発揮できないのでしょうか。

20代、30代の研修で「リーダーシップを短い演劇（ショートスキット）にしてください」というワークをすると、経営層とは異なるリーダーシップ像を演じてくれます。

最初はメンバーがみんなバラバラな方向を向いて、パソコンに向かって仕事をしている。リーダーはそこで、一人ひとりに声をかけ始める。全員と話し終わったら、みんなに声をかけて輪になって集まっている。そこでみんなと一緒に話し合っている。決めたことがでできたら、こっちに行こうと方向を指さして、リーダーから動き始める。

でもそのとき、リーダーは背中を見せて先頭を走るというよりも、サザエさんのエンディングのように、みんなの方を見ながら手招きをして、こちらの方に行こうと導いていく。しかも芸の細かなところは、そこでリーダーが転んだりする。するとメンバーがすぐに手を差し出し、その間は別のメンバーがリーダーの役割を担っていく。


なぜ、若手はこんなシーンを描くと思いますか。

強く引っ張るリーダーではなく、一人ひとりと向き合い、みんなで相談して、手招きをしながら一緒に進んでいくリーダーシップ。リーダー自身もうまくいかないこともある。そのときは周囲が助けてくれる。時にはメンバーもリーダーシップを発揮する。

こんなリーダーシップであれば、自分たちもリーダーになれる、なりたいというのです。

何がこうした発想の違いを生むのでしょうか。


背景に何があるのだろうか？

経営者はまさに経営者の視点でリーダーシップを見ています。未来への方向を示し、経営にとって大きな影響を与える決断をし、会社を守るのがリーダーシップだと考えています。そんな視点で見ると、周囲のリーダーたちが頼りなく感じてしまう。自分以外に大きなビジョンを描く人がいない、思いをもって決断をして引っ張る人がいない。そんなことでこの会社の未来は大丈夫なのかと不安になる。だからもっと思いをもって周囲を引っ張るリーダーシップを発揮してほしいと期待をする。

ところが若い人がリーダーシップをイメージするとき、自分だけなく周囲との関係性の中でのリーダーという存在をイメージしています。自分が周囲を引っ張るのではなく、周囲と一緒に前に進む。そのときに周囲から信頼される存在なのか、周囲が一緒にやろうと言ってくれる関係があるかどうかの方が大事だと思う。

実際に、彼らの経験を聞くと、学生時代に部活や生徒会などでリーダーの役割を担った人も一定数います。そういう人たちの中には、周囲がまとまらずうまくいかなかった、その中で自分が周囲と話し合い、そこで心を一つにして乗り越えていったという話がよく出てきます。自分が引っ張ったのではなくとも、一緒に前向きに頑張ったという経験です。

デジタルネイティブでもある若手世代は、周囲の反応を気にし過ぎる環境に置かれてきました。既読がつかない、返信が来ない、良いコメントがつかないと、気にしてしまう若者が多いことも確かです。でも同時に、彼らは周囲の気持ちを大切にしている、尊重している。多様な人たちを受容し、争うことなく尊重し合う関係になることは、むしろ自然なことだと思っている。

確かに、大学生と接していて、自分から踏み出す勇気がない、持てないという学生が多いことも実感します。でも、みんなでやろうと決めると、そこからは互いの意見を尊重し、知恵を出し合い、楽しそうに活動を始めます。そこには笑顔でイキイキと動き出す姿がある。少なくとも、安心した関係性の中では主体的に行動できる。各人が互いのためにリーダーシップを発揮しています。

リーダーシップとはあらためて何なのでしょうか。

能力や意欲が突出した人が、そうではない人に働きかけ、動かしていくことなのでしょうか。突出した人がいなくても、それぞれが互いのために前向きに動き出していくこともリーダーシップと呼べるのではないでしょうか。大事なことは、組織全体が良い方向に踏み出していくこと、現状を変えていく力が湧いてくることなのではないでしょうか。

何が問われているのだろうか？

日本人はリーダーシップに欠けているといわれます。周囲の気持ちを優先し、調和を求めるがゆえに、強い意思を持って決断をし、多少の反対があろうとも、突き進んでいこうとする人が生まれない。だから、変化を起こせない、過去のしがらみから抜け出せない。今までの当たり前にとらわれず、新しいものをつくりだす、未来に向けて変革を起こしていくためには、自らの意思で周囲を牽引するリーダーシップが必要なのかもしれません。時には、強引な改革も必要なのかもしれません。

リーダーシップとは、意思のあるものが人に影響力を行使し、正しい方向に人を導いていくことだと教わってきた人たちが多い。リーダーシップのある人になってください、周囲を牽引できる力をつけてくださいと言われます。だから、リーダーシップは個人の中にあるものであり、自分が発揮するものだと考えてしまう。本当にそうなのでしょうか。

リーダーシップ研究で有名なジェームズ・クーゼスとバリー・ポスナーは、『信頼のリーダーシップ』（日本生産性本部）という本の中で、リーダーシップはリーダーとフォロワーの関係の中に生まれると言っています。リーダーになると確かに、指示を与える力、報酬を与える力、罰を与える力を得ます。その力を行使すれば人を動かすことはできる。でもそれは権力で人を動かしているだけであって、リーダーシップを発揮しているとは言えない。リーダーシップは、リーダーが示すもの（ビジョンや哲学）、リーダー自身が持っているもの（知識やノウハウ、人としての魅力）に共感し、この人だったら信頼できる、一緒に頑張りたいと思ったときに、リーダーとフォロワーとの関係の中に生まれるのだというのです。すなわち、いくら自分が強い思い、ビジョン、専門性、ノウハウ、人間性を持っていたとしても、それを必要とし、喜んでついていきたい、一緒に頑張りたいと思う人がいなければ、そこにはリーダーシップは存在していないということになるのです。

そう考えると、大切なのは個人がリーダーシップを取ることではなく、みんなで前向きに踏み出していく、踏み出したくなる気持ちが自然と湧いてくる、そんな関係性をつくることなのではないでしょうか。

一緒に探究してみよう

実は、リーダーシップ論でも大きな転換が起きています。

リーダーシップ論を見ると、いろいろな理論が出てきます。業務処理型リーダーシップ、変革型リーダーシップ、カリスマ型リーダーシップ、サーバントリーダーシップ……。これらはすべて、リーダーが部下やメンバーにどう働きかけ、どう意図する方向に人を導くか、その働きかけのスタイルを提示したものです。リーダーは他者に影響を与え、動かす存在という思想が土台にあります。

でも、多様性の時代、リーダーが一人ひとりに合った働きかけをして、一人ひとりを導くというのが、本当に現実的なのか。結局それは、リーダーに依存する人、主体性を失う人をつくりだすだけなのではないのか。むしろ大切なのは、リーダー自身のあり方を通じて、一人ひとりが安心して踏み出していける環境、関係をつくることではないか。

そこで出てきたのが、リーダー自身がまずオーセンティックであることが重要だという考え方です。オーセンティックとは「本物、忠実な、ありのまま、信頼できる」という意味です。リーダー自身が誰よりも自然体で、悩んでいることも、苦しんでいることも素直に見せてくれる、語ってくれる人だと、周囲も安心して弱みを見せられる、自分のありのままを見せられる。

逆に、リーダーという鎧を着て、リーダーらしくならなければと思う人ほど、自分のありのままの姿から乖離してしまいます。その中で、自分の本当の気持ちが言えなくなる。本音が見えない人になる。それが周囲との壁をつくってしまう。孤立するリーダーになる。

鎧を脱いで、自然な自分であることが、一人ひとりの心を軽くし、お互いのためにという気持ちを持てる人たちを増やしていく。それがメンバーの自発的な行動を引き出していく。リーダー自身が自然体で踏み出していくから、周囲も安心して踏み出していける。気づくと、みんなが自然とリーダーシップを発揮していく。リーダーシップの連鎖が起きていく。こんな関係をつくっていこうという考え方です。

リーダーシップを発揮してくださいと言われると、どうも違和感がある、自分は違うと思ってしまう。でも、あなた自身が自然なふるまいをすることで、みんなも自然に振る舞える、そんな関係をつくってください。その中で、自分も周囲も、思ったことが言えて、前に踏み出す人がいたら、応援できる。そんな関係ができたら、自分から前に出ることも怖くなくなる。自然な行為になる。そんなリーダーシップが育まれる関係、環境をどうしたらつくれるか。一緒に対話してみてください。

未来を問い直す

何が起きているのだろうか？

誰もが自然体で前に踏み出していける。そんな関係が土台にできたら、今度は未来に踏み出していきましょう。ただここでも大きな壁を感じる人が多いのではないでしょうか。未来はどうなるかわからない、自分たちには未来をつくる力も、変える力もない。わたしたちは未来とどう向き合ったらよいのでしょうか。

不透明な時代。先が見えない、目指す姿が見えない、そこに向かっていく道筋も見えない。その中で、未来を考えようと言われても、何をどう考えたらよいのかと悩んでしまう。自分の将来も、昇進したら、役職者になればその先が保証されるわけではない。ＡＩやデジタル技術の進化で、仕事の内容が大きく変わり、まったく自分の専門性とは異なる知識やスキルを身につけなければならなくなるかもしれない。もしかすると、自分が今担当している仕事が、将来はなくなる仕事になるかもしれない。自分はそんな簡単にキャリアチェンジできるだろうか。そのとき、何もできなくて、仕事を失うということはないのだろうか。

自分の未来だけでなく、会社の未来も見えない。人口減少社会で顧客や市場が縮小し、労働者人口も減っていく中で、大きなビジョンや成長戦略が会社から示されても、絵空事のように感じてしまう。このままこの会社にいて、この先数十年の幸せを得られるのだろうか。それこそ日本社会の未来、暮らしはどうなっていくのか。自分たちの会社はこうした社会の変化の中で存在価値を見出せるのだろうか。

わたしたちはこれからさらに、自然環境と社会構造の変化と向き合わなければならなくなります。それは人の暮らしを変え、人の生き方を変えていくのかもしれない。その新しい暮らしをつくるために、新しい仕事をつくりださなければならなくなる。だとすれば、人も会社も、未来を見据えて今から準備する、踏み出す、転換していくことが必要なのではないでしょうか。

背景に何があるのだろうか?

確かに、不透明な未来に向けて、思いを持つこと、幸せな未来を描くことは、難しいことです。でも、どうなるかわからない未来を考えても仕方ないと、あきらめてしまってよいのでしょうか。ついそう思ってしまう心の根底には、何があるのでしょうか。

最初の心理は、変化することの怖さ、大変さから逃げたいという心理です。今の状態を維持できたら幸せだと思うのは当然です。安心・安定が得られるからです。だから変わらざるを得なくなるまでは動かない、様子見する。自分が変化することは先延ばしにしたいと考えてしまう。

次の心理は、自分だけではどうしようもない、自分だけで何かが変わるとは思えないという心理です。未来は社会がつくる、会社がつくるもの。自分がいくら頑張ったって、小さな変化にしかならない。それで社会や会社の課題が解決するとは思えない。だから、未来をつくる、変えるために、自分から何かしようとは思えない。

最後の心理は、自信がない、思いがない、だからどこに向かってどう踏み出したいかが見えてこない。そう思って、自分にブレーキをかけてしまう心理です。

未来を考えることは怖いことであり、自分の足りないことを知ることであり、自分は何者かを突き付けられることにもなる。それが、自分の今までを否定することになったり、自分の中に軸がないことを痛感してしまうことになるかもしれない。そう思うと、未来を考えることが、単純に楽しいことで、ワクワクすることのようには思えない。それが、未来に踏み出す意識も行動も生まれない原因になっているのではないでしょうか。

確かに自分の未来を自分で考え、自分で切り拓く力は、不透明な時代だからこそ大切です。自分をあきらめず、自分の良さと可能性を見出し、自信を持って、思いを持って踏み出していくことが、自分の幸せをつくる力につながっていきます。

でもそれを一人ひとりで考えようと言っても行き詰まってしまう。自分のキャリアという視点だけで考えても、視野が狭く、今の延長でしか未来が見えなくなる。

であれば、みんなで未来の不安と向き合い、いろいろな角度からその可能性を検討し、会社の未来と自分の未来を一緒に重ねていく。気づくと未来へ踏み出していけるような、そんなプロセスをつくることができないでしょうか。

何が問われているのだろうか？

わたしたちに今問われているのは、未来を見ることを怖がらないということなのではないでしょうか。同時に、未来を見ることから逃げてしまう自分の気持ちと向き合う。その中で、未来とつながる何かを見出すということではないでしょうか。

わたしの同僚たちが書いた『「目標が持てない時代」のキャリアデザイン』（日本経済新聞出版）という本で、キャリアデザインにおいて最初にすることは、自分を見直して「何を変えないか」「何を大切にするか」を考えることだと言っています。目標を失っても次々に再生していく土台となる「キャリアの目的」あるいは「人生の軸」を明確にするということです。

自分がこれまで、苦しいときでも曲げずにやり続けてきたことは何か。何かに触れて自分の心が大きく動いた経験の中に、ワクワク感、幸せ感、正義感、使命感のような自分を突き動かす原動力になるものがなかったのか。自分が一番自然体で、自分を笑顔にしてくれるものは何か。そんなことを自分に問いかけてみてください。

「どんなときでも、人の気持ちに寄り添える人でありたい」「細部にこだわり、より良いも

図5-1. 自分を突き動かしてくれる原動力

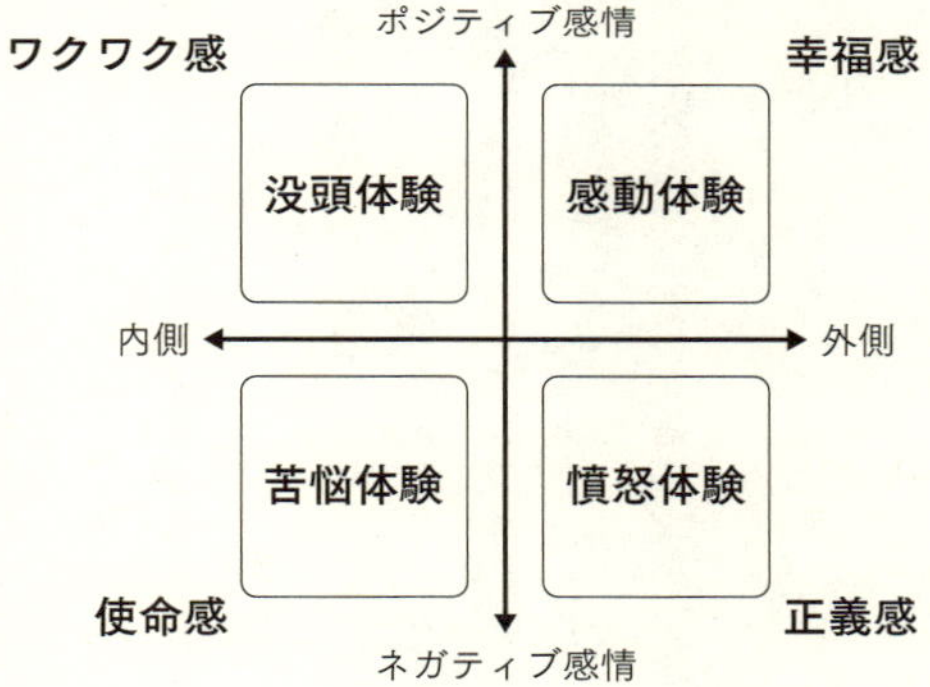

のを追求し続ける人間でありたい」「社会に正しいと思うことを世の中に問う存在でありたい」。世の中が大きく変わっても、自分がこんな人でありたい、こんな生き方をしたいということを言葉にしてみる。ただし、この言葉に縛られるのではなく、この言葉を軸にしながら、思いを育てていくことが必要です。

さらにこのキャリアデザイン本で指摘していることですが、不透明な未来へ向かうのだからこそ、自分の可能性を広げる体質改善が必要です。いきなり人に会う、新しい学びを始めるのは難しいという人もいると思いますが、これまで触れてこなかった世界に触れてみてほしいのです。行ったことがない場所に行ってみる。そこでの暮らしに触れてみる。趣味のサークル、地域の活動、被災地支援やボランティアなどに参加してみる。そこにある暮らし、つながり、人に触れてみる。すると、企業社会の中だけでは見えなかったことが見えてくる。自分の中で蓋をしてきた感情、すなわちワクワク感、幸せ感、正義感、使命感とつながる何かに出会えるかもしれません。

一緒に探究してみよう

もしかすると自分と未来をつなぐものにまだ出会えていないのかもしれない。であれば、みんなで「未来探し」ができないでしょうか。ある意味、コロナ禍はわたしたちに強制的に未来の働き方だと思われていたことを経験させてくれました。ただ、偶然に頼っていては前に進めない。だから未来の可能性を一緒に探してみてほしいのです。

最初にやってほしいのは、未来を一緒に探究する「未来洞察ワーク」というものです。一人ひとりが、5年後、10年後にこんなことが起こると言われている記事やトピックを集めてくる。それらを組み合わせて、未来にどんな可能性とリスクが広がるかを推察してみる。その上で、未来起点で今を問い直してみる。こんな未来になるのであれば、今からこんな準備が必要ではないかと話し合ってみる。こういった未来探しを楽しくやってみてください。きっと未来への感度が上がっていきます。

さらに、身近なところで起きている社会の課題を持ち寄ってみる。学校教育の現場で起きていること、親や介護の問題、住んでいる地域で起きている困りごと、旅行をして気になったこと……。何でもいいので、このままで本当に大丈夫だろうか、どうしたらよいのだろうかと不安になることを持ち寄ってください。そこで、その背景にある課題、その課題を解決するために何が問われているのかを一緒に掘り下げてみる。たとえば、学校現場で起きている若い先生たちが疲弊し辞めていく現状の背景に何があるのか。子どものためには何でもやらなければならない働き方がいいのか。企業社会の若手も同じではないか。そんな対話をしていきます。すると、現代社会が抱える根幹にある大きな課題が見えてきます。

できれば実際に気になる現場に一緒に行ってみる。現場で苦労している人やその中でも新しい取り組みをしている人の話をオンラインでもよいので聞いてみる。外への旅に一緒に出てみる。そんな共通体験を意図的につくりだしてみてください。

こういった探究を重ねていくと、自分自身とつながる社会課題、未来テーマが見えてくるかもしれません。それが実は今の仕事にも通じるものであること、あるいは今の仕事の知恵や技術で貢献できることがあることに気づけるかもしれません。

人も組織も、今までの範囲を超えて、意識を解放し、踏み出すことが必要です。そのためには、未来や社会の課題を自分に引き寄せる力が必要になります。それをみんなで楽しくやってみてほしいのです。みんなで未来探し、できることからやってみませんか。

会社を問い直す

何が起きているのだろうか?

ここまで見てきて、あなたは会社という場所がこれからどんな場所になっていったらよいと思いましたか。会社という場所をどんな場所に変えていきたいと思いますか。最後に対話していただきたいのは、会社という場所のあり方、これからの生き方です。

集団が組織になると、そこに分業と階層という仕組みがつくられ、統制しようとする力学が生まれます。それが、権限やパワーを振りかざす人を生んだり、煩雑な手続きやルールをつくったり、人に過剰なストレスを与えたり、人間関係を難しくさせてしまう。

一方で、組織の中に良い感情の連鎖が起きると、一人ではできないことを一緒に乗り越えていく、何か大きな変化を起こしていく力が湧いてくる。組織は自分を支え、自分を成長させてくれる場所だと思える。組織を良い場所であると思えるかどうかは、組織で働く中でどんな感情を得てきたかによって大きく変わるのではないでしょうか。

問題は、こう考えたときに組織の中で良い感情を得られないまま働き続けてきた期間があまりに長くなり過ぎたということです。

ここまで見てきたように、今、組織離れ、会社離れが起きています。物理的に関わりを断つことはできないけれども、心理的な関わりを静かに断つ、少なくとも距離を置く。そうした意識を持つことで、組織や会社という存在と適度な付き合いをしていきたい。そう思う人が増えています。組織や会社という場所に積極的に関わる本質的な意味が見出せないからです。

でもこれは同時に、組織や会社という存在の基盤を揺るがす、大きな地殻変動が起きているということでもあります。組織や会社に関わる人が、そこに大きな意味を見出せず、自分から主体的に関わろうとせず、ともに働く喜びを求めなくなったら、組織という場所から心的エネルギーは失われます。

そこからはより良いものを生み出す、社会をより良くするために貢献したいという意識が奪われていく。互いの知恵と思いが重なり合い、何かを変えていこうとする創造的、革新的行動は生まれない。そうなったとき、その組織や会社はどこかで自らの存在価値を失い、最終的には存続することができない場所になってしまうのではないでしょうか。

背景に何があるのだろうか？

なぜ、会社という場所に思い入れが持てなくなったのか。

それは、第2章で詳しく見てきたように、人と会社との関係が大きく変わってしまったからです。

日本企業の根幹にあった従業員主権、すなわちこの会社は自分たちがつくり、育て、守っているという感覚が失われます。会社と個人との間に線が引かれ、会社の中の自分という感覚は変わらないまま、その会社という場所をつくる一員という意識は消えてしまった。さらにコロナ禍で、会社の中の自分という意識もなくなり、会社の外に出て、会社と自分との関係を客観的に捉えるように変わってきています。

会社の中の自分という意識にとらわれながらも、実際には会社をつくり、育てることに参画している意識が持てないという中途半端な状態から、やっと決別できたのかもしれません。

そう考えると、やはり今、会社と個人の間には明確な線があり、会社が提示するもの、社員が求めるものが一致するときに、そこに取引関係、契約関係が生まれると考えた方が、すっきりとするのかもしれません。

でも、本当にこの距離感で、これからの社会の変化と向き合い、知恵を持ち寄り、人も組織も革新を起こしていけるのでしょうか。少なくとも、そうした未来を一緒につくりたいと思える人たちを増やしていけるのでしょうか。

何が問われているのだろうか？

今問われているのは、会社という場所をどういう場所にしたいのか、もう一度、みんなで共有することです。人の心が離れ、多様な関わり方が生まれている中で、会社という場所をどう定義するかで、人が集い、力を重ねる場所になるのか、ただ人が同居するだけの場所になるのかが決まります。それをより具体的にイメージしながら、自分たちなりの場のあり方を定義することなのではないでしょうか。

図5－2は、わたしが概念的に成り立つ組織のあり方を分類したものです。縦軸には仕事のつながり、横軸には人としてのつながりという二つの軸を取り、そのつながり方によってどのような組織体になるか、その組織を動かすエンジンが何になるのかを整理してみたものです。

仕事のつながりは、知恵やスキル、労力のやり取りの仕方によって、①交換関係、②協力関係、③共創関係に分けられます。人のつながりは、その関り方の深さによって、ア．は知人（理性的つながり）、イ．は仲間（感情的つながり）、ウ．は家族（本能的つながり）に

図5-2. 組織という場のあり方

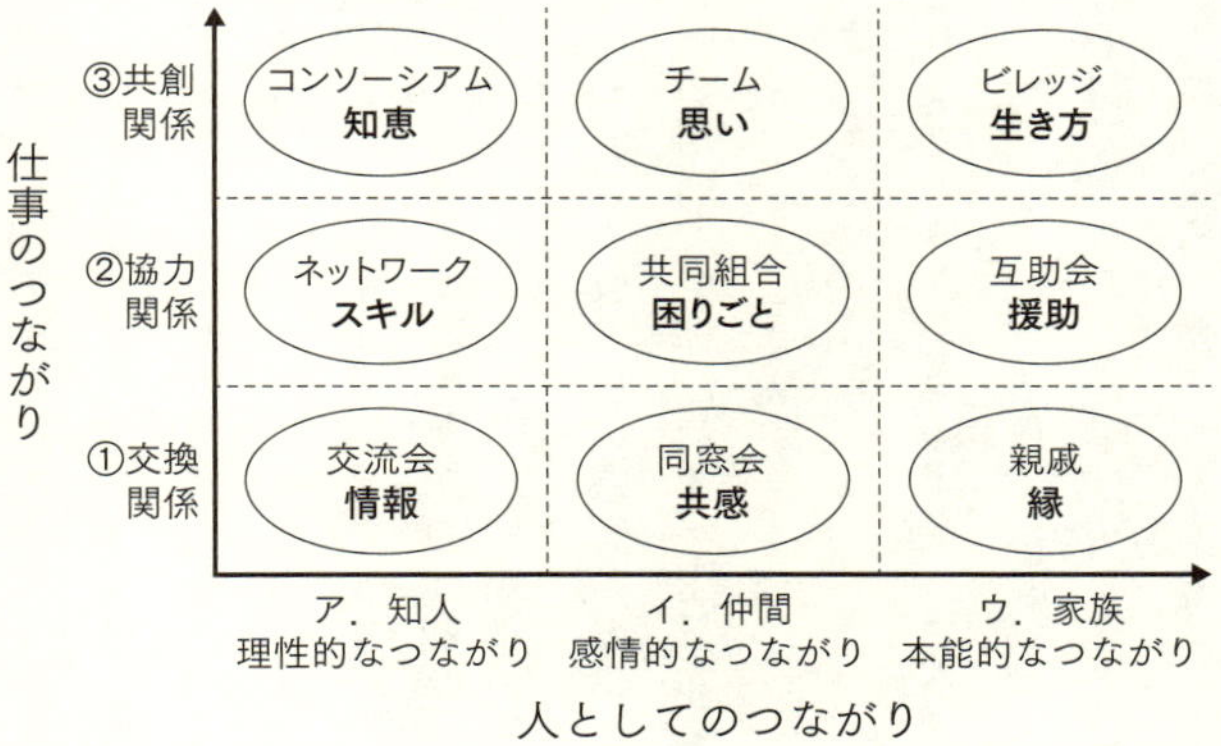

分けました。

これらを組み合わせると、９つの組織、あるいは場のイメージが見えてきます。①アは独立した人たちが理性的につながる交流会のような場、①イは昔一緒に何か大切な感情を共有し合った仲間がともに集う同窓会のような場、①ウは基本的に独立しているようでいざというときに助け合う地域や親戚のようなつながり。

②アは互いのスキルを持ち寄り、相互支援、協力しながら、何かをオンライン上でつくりだしていくようなネットワーク組織、②イは困り事をみんなの力で解決しようというＮＰＯやボランティアなどの共同活動をする共同組合のような組織、②ウはともに生きるために援助し合うことを目的とした互助会のような組織。

③アは何らかの新しいことに知恵を集めて、共創していくコンソーシアムのような場所、③イは思いを重ねてともにつくる、何かに挑戦するチームのような場所、③ウは同じ生き方を求めてそこに集まる人たちで暮らしをつくるビレッジのような場所。

組織を場、場所だと捉え直せば、いろいろなイメージが湧いてこないでしょうか。人が集い、ともにつくる場所が会社という場所になれば、もっと自由に組織のあり方を探究することができます。大切なのは、そこにどんなつながりをつくるかです。そこに集う人たちにとって、それが良い感情の連鎖を生む場所になるかどうかです。そんな自分たちが幸せになる場所を具体的にイメージして、重ね合わせてみませんか。

一緒に探究してみよう

これまでの日本企業の経営、マネジメントを一言でいうと、同質性、統合性を重視するマネジメントです。最近では変わってきたとはいえ、男性中心、新卒採用中心、プロパー中心の組織づくりを長年行ってきました。同質性の高い人たちを集め、同じ場所、同じ時間で、同じように働く。だから、そこに一体感も生まれ、組織のために働こうという社員を増やしていける。これが日本のマネジメントの根幹にありました。

会社の論理を身につけ、会社が期待している通りの行動を取れる人を再生産していくメカニズム。そして、目的と目標を与え、そこに向かって人を動かしていく、管理していくマネジメント。その結果、何が起きていたのでしょうか。

まさに、同質性の高い人、同じような場面で同じような判断をしてしまう人、会社の論理、会社の目標に従順な人、仕事が与えられることを待つ人、変化に弱い、変化に抵抗してしまう人、仕事や責任を抱え込み自分を追い込む人……。

確かに、環境変化が少なく、先が読める経営を行っているときは、こうした同質性を高める経営は、判断と行動の統合性を高め、全体として効率的な経営ができます。日本的経営の強さは、ここにあったように思います。会社の論理をみんなで共有しているからこそ、逸脱行為が起きず、会社のためという行動が起こる。

でも、変化が激しく先が読めない時代の中で、こうした同質性、統合性を高めるマネジメントでは、内なる論理が優先され、外の変化への感度は低下し、多様な考え方や論理を吸収する力を弱める。自ら考え、行動する力を奪い、他者とは違う視点で考え、柔軟な解決策や新たな取り組みを創造する力を抑制してしまう。これこそが、日本企業が停滞し続けている最大の要因なのではないでしょうか。

わたしたちは今、こうした自分たちのあり方、生き方を変える大きなチャンスを迎えています。このとき、2つの考え方をまずは共有すること、探究することが必要です。

第一に、**「違い」を知る、活かす、楽しむことを組織の土台に置く**こと。今まで、「同じ」「期待通り」が何よりも優先されるマネジメントであったものを、**「小さな違い」「小さな逸脱」を優先するマネジメント**に切り替えていく。

本当はどんな人にも、その人らしさ、持ち味がある。それはその人の自然な振る舞いの中から見えてくるもので、会社が期待している行動や成果を出しているかという目線では見えてこないもの。こうした小さなその人らしさ、持ち味を軸に、個々人が自分の力を自然と出していけるような、そんな支援、サポート、関係・環境づくりがカギになる。

第二に、「統合」ではなく**「重合（かさねあう）」を基軸とするマネジメントを組織の根**

図5－3. 組織づくりの考え方

	統合重視の組織づくり	重合重視の組織づくり
ビジネスの考え方	●特定の市場がある ●その中で、競争優位性を確立する ●成長と拡大を追求する ●生産性とコストを管理する ●自己利益を最大化する	●市場が変化する（VUCA） ●何をするか、本質的価値が問われる ●顧客・社会の評価を追求する ●意義と持続性を探究する ●共通価値を最大化する（CSV）
人材・働き方	●同質性（男性・新卒採用） ●同一性（同じ時間、場所、働き方） ●会社中心・仕事中心 ●会社が示すキャリアパス ●会社の期待する人材に育てる	●異質性（異性、外国人、中途） ●多様性（勤務・雇用形態） ●ワークライフバランス、ワーク・イン・ライフ ●キャリア自律、キャリア共創 ●みんなで育つ環境をつくる
組織マネジメント	●トップダウンの指示 ●役割分化、組織的統制 ●標準化、マニュアル化 ●縦割り、タコツボ ●管理型マネジャー ●指示型文化、受動的文化	●現場での自主的判断 ●相互連携、自発的な調整 ●個別対応、パターン化 ●フラット、ボーダレス ●対話型リーダー ●共感文化、能動的文化

幹に置く（図5－3）。化学用語である「重合」とは異なるかもしれませんが、重ね合い、結び付け、そこに新しい意味を生み出していくことをマネジメントの根幹に据えるという考え方です。多様な人たちに一つの論理を示し、そこに向かせようとすると、その時点で人の主体性や創造性をこれまでと同じように押し込めていくことになる。会社の目的、パーパスを提示したとしても、それをただ与えて、理解させ、そこに向かって行

動を取るよう指示し、それこそ人事制度で評価してしまったら、そのパーパスは働く人たちにとっての主体的なパーパスにはならない。

大切なのは、会社の思いを自分たちの思いと重ね合わせ、結び付けていくこと。個々人の問題意識や悩みと重ね合わせ、そこにつながりと意味を見出す。そうした「重ね合い、結び付く」マネジメントを繰り返していくことだと考えます。

わたしたちは、**同質性と統合性を土台とした組織づくりから、異質性と重合性を土台とした組織づくり**に踏み出そうとしているのだと思います。それは与え、与えられる関係から、ともにつくる関係に変わるということでもあります。

これからは人と組織がともに選ぶ、選ばれる関係になるという議論もあります。でも選ぶ、選ばれる関係になってしまうと、会社をつくるのはあくまで経営者であり、そこには社員のオーナーシップも、エンゲージメントも生まれません。「この場所をともにつくる、育てる、守る」という意識が広がったとき、そこに**オーナーシップとエンゲージメントが生まれ、それが組織全体を動かしていくコミュニティシップに変わります。**

この場所をどういう場所にしたいか、どういう場所をつくりたいか。ぜひ一緒に探求してみてください。

第6章

人と組織が一緒に変わる三つの革新

本当に革新すべきことは何か

ここまで読んでみて、あなたの気持ちの中に、何か変化が起き始めていますか。

このままでいいとは思えないけれども、どうしたらいいのかわからない。でも自分と同じように感じている人が、あなたのそばにいるのだとしたら、このまま黙っているのはもったいないことだと思いませんか。今ならまだ、未来に向けて一緒に踏み出していける、そんな場所に変えていくことができると思いませんか。

本当に革新すべきは、一人ひとりの生き方、あり方であり、企業を中心とした組織社会の生き方、あり方なのではないでしょうか。

コロナ禍を経験し、一人ひとりが自分の人生、生活を優先し、自分らしく生きることを求め始めています。もっと休みながら、無理をしない働き方にしたい。仕事や会社に振り回されないようにしたい。そんな思いが膨らむ中で、会社も働く人の幸せを支援する施策を打ち出している。でもその施策を見て、単に条件が良いところを選ぶという意識だけを広めていくとしたら、それは本当に未来を切り拓く力につながっていくのでしょうか。

わたしは安定が大事だと思う。だから無理をしない、リスクを冒さない、自分ができる範囲でしっかりやるべきことをやりたい。そういう人も多くいます。でもその人たちは、今の世界が続くことを前提に、その中で各人が幸せな働き方、生き方を求めようとしている。でもそれは難しいことなのではないでしょうか。

わたしたちは、これから起こる大きな社会の変化と向き合う力を身につけていかなければなりません。しかもその変化は、一人ひとりが考え、行動すれば道が拓けるという簡単なものではない。未来を想定し、今を問い直し、本質を見出し、自分たちの生き方、あり方を根幹から変えていく。そうした意識で互いが向き合い、対話し、前に踏み出していくことが必要になってきます。**一人ひとりの幸せが周囲の幸せに、会社の幸せに、そして社会の幸せにしっかりとつながっていく生き方を、みんなで取り戻していく**ことが必要です。

関係、自己、組織の三つの視点で変えていく

誰が最初に声を上げ、踏み出していくことができるのか。自分にできるのか。ここでまた、悩ましいと思う人もいるのではないでしょうか。

わたしたちは長い間、会社の常識というものに支配されてきました。それを疑ってみる、問い直してみるというのは勇気のいることです。でも、本当は自分の近くに、同じように違和感や疑問を抱いている人がいるかもしれない。自分が口に出すことで、周囲の人たちも本当の気持ちを口にできるかもしれない。そう思うと、小さな声で呟いてみる、この本もうまく活用して、「こんなことを言っている人がいるけど、どう思う?」と問いかけてみることが、大きな一歩になります。

ただ、それでもためらう人もいると思います。自分の周囲では対話ができても、結局、経営者、部門長クラスの人が変わらなければ、何も変えられない。だから、声を上げても

無駄だと思い、そこで止まってしまう。でも、ここで少しだけ経営者の気持ちになってみてほしいのです。彼らも時代の変化の中で、異なる価値観とどう向き合っていくのか、悩ましいと思っているかもしれない。本当はどう考えているのか、知りたいと思っているかもしれない。だとすると、今現場で起きていること、社員が違和感や疑問を抱いていることを集めて、どう向き合ったらよいのか一緒に考えていただきたいと持ち掛けることは、彼ら自身の悩みとも重なることになるのではないでしょうか。

わたしたちが何かを変えることを恐れてしまうのは、経験がないから自信がないということだけでなく、相手がわからない、むしろ自分が損をする、否定されると思う。そんな気持ちにとらわれてしまうからです。

相手が自分の気持ちと同じだとは限りませんし、もしかすると意外な反応を返されるかもしれません。でも、そこですでに変化を起こしたことになります。今まで黙っていた人が声を挙げる、対話をしたいと持ち掛けることが、静かなる分断に風穴を上げることになる。それが互いの向き合い方を変えていくきっかけになります。

変えるのは「人」ではなく「関係性」

わたしたちが**これから変えていきたいのは、経営者、相手ではなく、関係性**です。相手を変えようとしても、それは自分の考え方を押し付けるだけになる。そこに本当の共感や共有がなければ、相手の心からの変化にはつながらない。

でも、互いの関係性は変えられるかもしれない。少なくとも、自分の向き合い方は変えられるかもしれない。人や組織を直接変えるのではなく、関係性を変えていくことが、結果として人と組織を変革していくことになるのです。

マサチューセッツ工科大学組織学習センターの共同創始者であるダニエル・キムは、成功する組織には次のような循環があると言っています。わたしの解釈が加わっていますが、成功する組織は、関係の質が高い。関係の質が高いと良い対話と良い学び合いが生まれる。それが思考の質を高める。その思考を実現できるように指導、支援していくと、行動の質が上がる。その行動の質をナレッジとしてみんなでシェアしていくと、結果の質が高まっていく。その結果の質に対して適切なフィードバックをしていくと、互いを認め合い、関

図6-1. ダニエル・キムの成功循環モデル

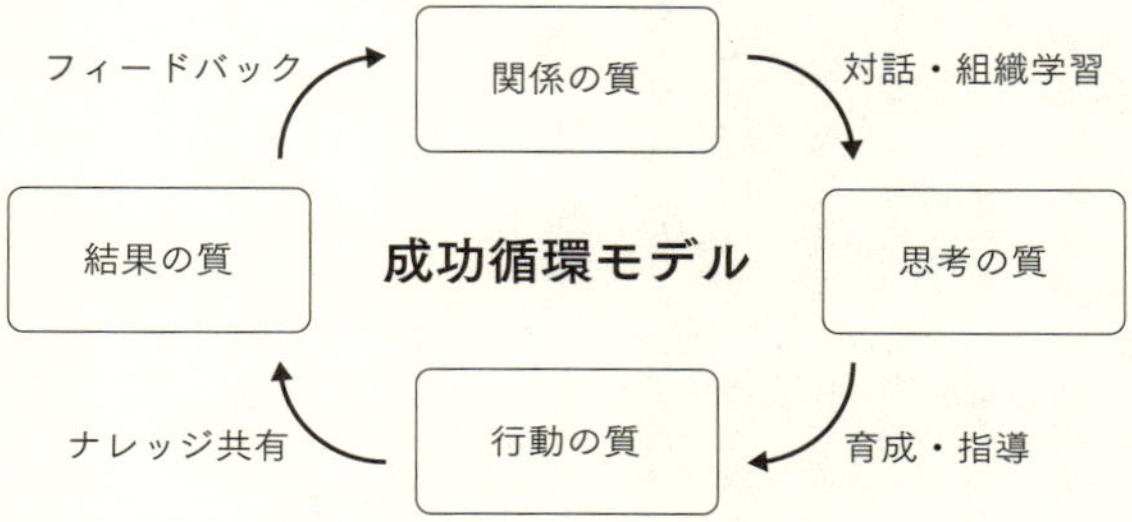

Daniel H. Kim（2001）, "Organizing for Learning: Strategies for Knowledge Creation and Enduring Change", Pegasus Communicationsをもとに作成

係の質が高まる。

わたしたちが静かなる分断を超え、未来を切り拓いていくためには、まさにこの好循環をつくりだしていくこと、こうした関係性が自然と生まれ、より良い関係に自分たちで進化し続けられる場をつくることが必要です。

そのためには次の３つの革新に取り組む必要があります。

①本音で対話できる関係づくり

第一の革新は、本音で対話し、ぶつかり合い、重ね合わせることができる関係づくりです。経営者から社員までが、役割や経験や能力を超えて、互いの本音を出し合い、みんなが幸せになる新たな生き方を一緒に見出すために、本質を正面から問い直す対話ができるようになる。

でも、いきなり本質と向き合う対話をすることは難しいという組織が大半だと思います。お互いのことが見えない、何を考えているかわからない、だから触れられないと思っている人たちが、互いに心を開き、心の中で蓋をしていることに気づき、言葉にし、重ね合う。そんなことが自然とできるようになる仕掛け、取り組みが必要です。**ここにいると、違いを超えて、みんながつながる。**そんな関係づくり、関係革新から始めることが必要です。

②主体性と創造性を取り戻す「自己革新」

第二の革新は、一人ひとりが主体性と創造性を取り戻していくことです。ただ、一人で変わるのではなく、**みんなで変わる自己革新**です。

対話をする中で、他者を通じて自分と向き合っていくことになります。そこで自分の中にある本当の思いに気づく人も出てきます。同時に、自分の中に強い思いが見えないと悩む人も出てきます。ここで大切なのは、無理に目標を立てさせ、個々人の自立を促し、行動化することを押し付けてはいけないということです。それでは結局、一人ひとりの主体性は生まれません。心の内側からの思いが自然と湧いてくるような、そんな関係性、場をどうつくるかです。

自分の中に思いが湧いてこないのは、目の前の仕事、見える範囲の中で物事を判断し、行動し、自らを枠の中に自分を閉じ込めてきたからです。今まで見てきた世界の中に、自分の思いや心とつながる何か、ワクワク感や使命感につながる何かとまだ出会えていないからです。一人ひとりの中に、生きている意味、自分の存在価値につながる何かがある。そう信じて、一緒に内側から動き出す原動力を探しにいくことが必要なのではないでしょうか。**ここにいると、世界が広がり、思いが湧いてくる。**そういったみんなで変わる自己革新が第二の革新です。

③未来へ踏み出す組織プロセスをつくる

そうした思いをみんなで共有できたら、**第三の革新、すなわち今までの当たり前を超え、未来へ踏み出し続けるための組織プロセスをつくる**必要があります。これから、未来へ踏み出すためにどのような日常、暮らしを組織の中につくりだすか。誰と誰が日々、どう出会い、どう対話し、どう動き出す支援をし合うのか。ともに生き、ともに未来を切り拓くために、人と組織との間にどのような関係をつくりだしていくのか。仕事の仕方、事業の作り方、組織運営の仕方、人の育成の仕方……。

これが正解というものをつくるのではなく、そうしたものをともにつくり、みんなで革新し続けられる組織プロセスをつくりだす。**ここにいると、想いが重なり、踏み出したくなる。**こうした行動の流れ、連鎖が生まれる組織革新が第三の革新です。

関係が変わり、個々人が変わり、組織の流れが変わる。その中で、人が主体性を取り戻し、これからの生き方を一緒に見出していく。組織も自らのあり方を見出し、前向きな革新を起こしていけるようになる。そんな関係や場をどうつくり、育てていくのか。ここから、具体的な取り組みも紹介しながら、一緒に考えていただきたいと思います。

関係革新①　違いを超える関係づくり

第一の革新、違いを超えて、本音で向き合い、本質を探究しながら、みんなが自然とつながる関係づくり、関係革新です。

静かなる分断が広がる中で、互いの違いばかりが気になる。その違いが根底にある価値観や考え方の違いだと思い、触れられなくなる、踏み込めなくなる。それが今、起きていることです。質の低い関係性とは、こうした違いを互いに非難し合う関係性です。自分が正しい、相手が正しくない。自分の論理を振りかざして、相手を責める。世界の紛争や対立も、組織の中で起きていることも、こうした関係性が互いを追い込んでいる。

では、質の高い関係性とは何か。それは、どちらかが正しい、正しくないではなく、思いの背景、真意を理解し合い、その上で互いの意見を尊重しながら、重なりを見出し、新たな意味を一緒に見出していく関係性です。

だとすると、質の高い関係性に変わっていくためには、**①本音を出し合える関係の土台づくり**、**②本質探究の場づくり**の2つが必要になります。

まず、本音を出し合える関係の土台づくりについて、これから紹介する3つのステップをもとに考えてみてください。

ステップ1. その人の価値観の違いを知る

第1のステップは、**互いの言動や振る舞いの背後にある、その人の人となり、価値観、考え方の違いを知る、理解し合う**という取り組みです。第4章でも述べましたが、人は表面的な振る舞い、言動を見ながら、自分の過去の経験がつくり出した認知のフレームを通して、その人を理解しようとします。自分の中にある認知フレームに合わせて、人をタイプ分けしがちです。だから、自分のこれまでの常識、考え方、価値観と合わない言動、振る舞いがあると、そこでネガティブな感情を持ってしまう。この人は違う、わかり合えない人だとすぐに決めつけてしまう。でもそれは、その人の背景がわからないから、その人をつくってきた歴史を知らないからです。具体的には次の3つの取り組みをヒントにしてみてください。

①「わたしは……」に続く自己紹介を20個書き出してシェアする

1つ目は、素直に**お互いを知るという取り組み**です。単純ですが、「わたしは……」に続く、自分紹介を20個書き出して、それを少人数でシェアし合ってみるというものです。自分の好きなこと、やってきたこと、やりたいこと、健康のこと、家族のこと、何でもＯＫです。当然言いたくないことは書かなくて結構です。自分のことで知ってもらいたいと思ったことを素直に紹介し合ってください。実際にやってみると、「同じ、同じ」「そんなことやってたの」「確かにそういうところあるよね」「意外！」といった反応が飛び交います。その中で、互いへの関心が高まっていく。お互いを知る、そこから共通点や意外な面を知る楽しさを取り戻す。そんなことが、本音を出し合う関係づくりの入り口になります。

②自分の苦手なことやどう扱ってほしいかを開示する

２つ目は、さらに自分がどんなことが苦手で、どう扱ってほしいかを**素直に開示してみる取り組み**です。ジェイフィールでは、新入社員が入社したとき、トリセツ説明会というものをやっています。既存社員数名と新入社員で、お互いの取扱説明書を説明し合うというものです。

先ほどの「自分はこんな人です」という紹介だけでなく、自分がご機嫌になるポイントや不機嫌になるポイント、得意なこと、苦手なことなどを紹介して、自分としてはこんな風に頑張りたいけれども、こんなときはこんな風に助けてくださいと、自分の扱い方をお願いしてしまうという取り組みです。これをやると、新しく入社してきた方にとっては大きなメッセージを伝えることになります。それは、この組織は不機嫌になる気持ちや、苦手なことを隠さなくていいんだよ、助けてほしいことは助けてくださいと言っていいんだよということが伝わります。それが心理的安全性の土台をつくることにもつながります。

③自分史の紹介をする

その上で、3つ目の取り組みとして、特にベテラン社員ほど、**自分史の紹介**をしてみてください。縦軸に心の状態を晴れ（前向き、イキイキ）から曇り、雨（後ろ向き、落ち込んでいる）など天気で表し、横軸に年齢を取り、出来事と感情の変遷を人生曲線として描いてほしいのです。その人が経験してきたこと、その背景にある苦労や思いを語ってみてほしいのです。そうすると、その人の人生が物語として入ってくる。そこにある、その人の生き方、その人らしさが見えてくる。それが相手への理解と敬意を生んでいきます。

本音の対話ができる関係になるための第一歩はこうした、互いを知る、互いの背景を知る、その人の生き方を知ることです。するとここで気づくことがあります。それは人それぞれ違うこと、だからこそ人は魅力的で面白いということです。人への関心が湧いてくる、それぞれの違いが面白くなる。まずはそんな関係づくりが重要です。

ステップ2．お互いの頼りになるところを見つけ合う

関係の質を高める**第2ステップは、お互いが実は頼りになる、互いに頼りどころがあることを見つけ合う**。一人ひとりに必ず良さがある。その良さを見つけ合い、認知し合うことで、ただの同僚から、頼りになる関係に変えていきたいのです。

ここでも2つの取り組みを考えてみてください。

①ショートコーチング

1つ目の取り組みは、**互いの困り事を持ち寄り、その相談に乗る**というワークです。ショートコーチングというものです。

3、4人でグループになり、一人目の人が悩みを相談します。聞き手を一人決めて、まずは話を聞いていきます。そこでの役割は問いを出しながら、本人の中で整理するお手伝

いをすることです。最初に聞き手が「今、一番困っていること、悩んでいることは何ですか」と聞きます。

そこで相談者が自分の悩みを語る。その後聞き手は「何が起きているのか、そこで何に困っているのか、もう少し詳しく教えてください」と言って、状況や事実がイメージでき、そこで本人が困っていることが聞いている人たちの中にも映像で浮かぶように話を聞いていきます。

そうしたら次に「本当はどうしたいですか、どうなったらいいと思っていますか」と聞く。すると本人が考え始めます。どんな風にしたいのか、どんな状態にしたいのかを相談者が具体的にイメージできるまで3回ぐらい同じ質問を繰り返していくと、だんだんありたい姿がクリアになっていきます。そこで聞き手が「だとすると本当に変えたいことはなんですか」と尋ねます。すると本人が一番変えたいことが何か明確になる。そうしたら、同席していた人たちみんなで「だったらこうしてみたら」「自分だったらこうするよ」とアイデアや意見を出し合う。

最後のアイデアを出すまでは、聞き手は質問をしたり、問いかけたりするだけです。その人の中で本当に困っていること、本当はこうありたいと思う姿、本当に変えたいことを探究するお手伝いをしていく。でも、変えたいことが見えたら、みんなが共感した上で、自分だったらという目線でアイデアを出し合う。

すぐに解決できなくても、自分が困っていることを真剣に聞いてくれた、共感してくれた、一緒に悩んでくれた。その中で、自分には思ってもみなかった視点でアドバイスをくれたということが実感できると、悩みを**相談すること、聞いてもらうことの意義**が見えてきます。しかも、部署や職種が違っても聞き手はできるし、むしろ自分にはない、自分たちの日常の考え方にはない意見をもらえる。そこに人を頼りにする意義が見えてきます。

②互いのいいところを伝える

その上で、2つ目の取り組み、**互いの振る舞い、言動の中にある良い点、持ち味を指摘し合ってみる。**「毎朝、しっかりその日の仕事の段取りを確認して、計画的に仕事を進めている姿を見て、すごいなと感じていました」「トラブルがあってもいつも冷静に対処していて、本当に頼りにしています」「目上の人に対しても物おじせず発言できる姿勢、すごくいいいと思う」など。

こうした日頃の互いの振る舞いの中にある良さを持ち寄ってみると、本人からすると些細なことだと思っていることが周囲からはすごい、ありがたい、頼りになると思われているることに気づける。互いの違いが良さに見えてくる。自分への肯定感を高めることにもつながる。

ここに集まっている人たちが、実は自分を助けてくれる人かもしれない、頼りになる人かもしれない、認めてくれる人たちになるかもしれない……。そういった感情が、違いを超えてつながる気持ちを引き出していくことになります。

ステップ3．本音を出し合う

最後の**第3ステップ。ここまで来たら、本音を出し合ってみる。素直に感じていること、思っていることを出し合ってみる。**

ただこれも、不満を出し合うのではなく、本当はこうあったらいいのにと思うことを出し合ってみる。本当はこんな職場だったらいいのにと思っていることを、お互いにポストイットに書いて、出し合い、重ねてみる。「もっと本音で言い合える関係になりたい」「もっとお互いを支援し合える関係でありたい」「もっと余裕をもって働ける職場にしたい」「上司も同僚も、みんな同じ仲間だと思えるようになりたい」「もっと長期休暇をとれる働き方にしたい」……。大切なのは、ここでどれがいいとか、結論を出すことではなく、**その言葉の背景、真意を一緒に探る**ことです。

ある会社で「おやつの時間を設けたい」という意見がたくさん出ました。その真意は、みんなが短い時間でも手を休めて、雑談しながら、互いの気持ちや表情が見えるようにしたい、気になることを気楽に話せるような雰囲気をつくりたいということでした。そんな本当の思いを出し合ってみてほしいのです。そうすると、そこに自然と重なっているものが見えてきます。

関係を変えるのではなく、関係が変わるプロセスをつくる。互いを知り、互いを頼りにし、互いの思いを重ねていくプロセスを通じて、安心・安全の場をつくるだけでなく、互いの違いを肯定的に受け止め、それを活かし合うことの意味を見出していく。それが関係の質を上げていくことになるのではないでしょうか。その中で、一人ひとりが自己肯定感を取り戻し、他者を自然に尊重し合えるようになる。すると、周囲の気持ちもわかりつつも明確に自分の意見を言える、健全に自己表現ができるアサーティブな状態になっていきます。みんなが自己肯定感と他者尊重感が持てるようになったとき、心理的安全性を超えた、互いに一歩踏み込み合える良い対話ができるようになります。

関係革新②　本質を探究する場づくり

関係の土台ができたら、第5章の**静かなる分断を超えるための七つの対話**を少しずつ始めてみてください。これまで互いの本音が見えない、自分とは相容れない人がいると思って、避けてきた対話をみんなでやってみてほしいのです。

このときに大切なのは、素直に今起きていることを客観視した上で、異なる意見、考え方の背景にある心理をみんなで探っていくことです。そこで今、本当に問われていることは何かを明確にした上で、どんな超え方があるのかを一緒に探求してみる。この流れで、対話をしてみましょう。

わたしたちはどこかで、会社中心、仕事中心、男性中心の論理でつくられてきた仕事観、組織観、マネジメント観、会社観を受け入れてきたのだと思います。あるいは、そういうものだとあきらめてきたのかもしれません。でも、どこかでみんながモヤモヤしている。答えが一つではない時代になったからこそ、個々人がバラバラでよいという思いと、それでも一緒に働くために、大切なことはしっかりと共有すべきという思いが、一人ひとりの中でも混在している。そうした中で、自分も組織もどうしたら前に進めるのかを一緒に考えていくのです。

いきなり対話が難しければ、こんな方法も考えてみてください。

たとえば、仕事について、今感じていること、モヤモヤしていることを事前にアンケートを取り、リストにしてみる。それをみんなで見ながら、みんなが気にしていること、少ない意見だけれども気になるものをピックアップしてみる。その上で、背景にある気持ちをみんなで推察する。不満、不安、不信といったネガティブな気持ちも、それがどこからきているのか、その書き手の立場になってみんなで話してみる。すると、今まで見えていなかったこと、みんなでしっかり向き合わなければいけないこと、本質を探究しなければならないテーマが見えてきます。

大学生と対話しているときに、こんな発言がありました。「自分は安定が一番大事。好きなことをやるために、安定した給与、安定した雇用が大事。だから、目の前の仕事を安定的にやれる会社で働ければよい」と。自分もそうだと賛同する学生も多くいました。でもそこである学生がみんなに問います。

「本当にこれから時代、安定なんてあるの？　人口も減って、ＡＩで仕事がなくなったり、いろんなことが起きる。そこで安定を求めていたら、それこそ変化できない自分になって追い込まれる。安定したかったら変化し続けるしかないんじゃないの」

また別の人が「周囲が変わろうとしているときに、わたしは自分のことだけ安定的にやりたいという人がいたら、その人を助けたい、その人と一緒にやりたいって思えない。それこそ、孤立することになると思う」「雇用や給与の安定を求めるよりも、何かあったときに相談できる、支えてくれる仲間、つながりがあることの方が大事」と発言する。安定を求めるかどうかから、安定とはそもそも何なのか、そうした対話へと変わっていきました。

本音の対話をしていくと、こうした一見、対立するような対話になることもあります。でもそのときに、その違いがどこから来るのかを探ると、本質の探究が始まります。

大切なのは、何が正解かを出すことではなく、何が問われているのかということをみんなで共有することです。安定とは何か、変化とは何か。特にこの不安定な時代の中で安定を得ようとするなら何が大切になるのか。こうした問いを互いに重ねていけるようになると、本質を探究する姿勢がその場に広がっていきます。

議論して正しい答えを一つ選ぶのではなく、様々な角度から問いを重ねていくことで、その根幹にある大切なものに気づく、あるいは新しい意味を一緒に見出していくことも大切です。しかもそこで見出したものも、さらに対話を重ねると、異なるものに進化するかもしれない。そんな姿勢をもって対話を重ねていく土台をつくることが必要です。

まずは、本音を出せる土台となる関係づくりと、本質探究の対話ができる場づくりからスタートしてください。

自己革新①　外への旅を通じた思いづくり

第二の革新は、一人ひとりが主体性と創造性を取り戻すために、前向きな気持ちと行動が自然と生まれる場をつくりだすことです。ここにいると、世界が広がり、思いが湧いてくる。そんな場をつくることです。

主体性はあくまで本人起点で生まれるものです。でもそのときに、一人で考えても心が動かない、だから行動も起こさないという人もいます。自分のこれまでの当たり前にとらわれている人は特に、自分だけで考えても、長年の経験によってつくられてきた認知フレームを簡単には変えることができません。自分の本当の思い、心の中で蓋をしてしまった自分の本当の気持ちとつながる「何か」を見出すためにも、外の世界とつながってみること、その中でつながったことを言語化し、自分の思いとして語ってみることが必要です。

まずは、外の世界とつながる中で、自分の世界を広げ、その中で自分とつながる「何か」

をどうやって見出していくか考えていきます。

いきなりハードルが高いと思われるかもしれませんが、わたしたちジェイフィールでは、意図的にみんなで外の世界に触れる経験を重ねてきました。

東日本大震災の際に、親会社のアミューズがいち早く現地支援の道筋をつけて、1週間交代で現地に入り、社会福祉協議会の支援活動をお手伝いすることになりました。そこで、人の命と暮らしが一瞬で奪われる恐ろしさと悲しさを感じただけでなく、暮らしや家族を失った被災者たちが、ボランティアに来てくれた人に対して感謝に加え、笑顔と元気を配っている姿に何か心が震える、言葉にできない心の揺さぶりを受けました。自分だったらそんな風に前を向いて動き出せるのだろうか。そんなことを会社に戻って対話する中で、本当に「生きる」「暮らし」というものの大切さをみんなで考えるようになりました。

その後、自分の本当の思いを探そうと、ジェイフィール社内でカンボジア研修を実施します。3、4人が一組になって、カンボジアの孤児院を訪問して、孤児たちの未来に向けて何ができるかを考えることを通じて、自分の思いも探してくるという研修です。

実際に現地に行くと、孤児といっても両親がいないわけではないことを知ります。ポルポト政権時に大虐殺が起き、医者や先生などの知識階層から命が奪われ、教育も医療も十分に整っていない村がたくさんある。その中で期待されている子どもに教育を受けさせたいという思いで、孤児院に預けられている子どもたちがたくさんいました。その子たちの夢を聞くと、みんな医者か先生という。本当に小さい子どもまでが社会を背負って生きている。その現実を知り、子どもたちとどう向き合ったらよいのかわからなくなりました。でも、一緒に遊び、絵を描いたりしている中で、その子たちには本当の夢があることに気づきます。ダンサーになりたい、ジャーナリストになりたい、ＩＴエンジニアになりたい、サッカー選手になりたい……。その子たちが本当の夢を語る無邪気な笑顔に、この子たちの未来を素直に応援したいと思いました。

日本に戻ってきて、夢って何だろう、思いを持つってどういうことなのだろうとみんなで対話をしました。社会が夢を与えるのか、夢は自分の中から生まれるものなのか。正直、答えは出ませんでした。でも、誰かのために何かをしたいという思いも、こんな自分になりたいという素直な思いも、それが本当に自分の生きる意味につながっていくのであれば、その思いはどちらも大切なのではないか。自分にはそんな思いがあるのか、そんな自問自答が始まりました。

それ以外にも、障がい者と健常者が区別なく一緒に働いている会社にみんなで訪問したり、森に入って森林整備されないことで自然災害に弱い森がどうして広がっているのかを学び、森林再生のために自分たちにもできることを実際にやってみたり、欧州、特に北欧の働き方改革、イノベーティブな社会づくり、教育改革に学ぼうと、関心ある人が海外調査に行ったり、ＡＩの専門家や心理学の専門家を呼んで一緒に学んでみたり……。ジェイフィールでは本当に毎年のようにいろいろな人から学ぶ、いろいろな世界に触れる経験を重ねてきました。

実際に、これをきっかけに思いが膨らみ、踏み出す人が自然と出てきました。カンボジアの子どもたちのために継続的に何かできないかと、実際に活動しているＮＰＯに参加する人、夢を持つこと、夢を応援することを日本の子どもたちに向けてできないかと、日本の小中学生に向けて夢を描く支援をしている団体に参加する人、地域の暮らしやイベントに参加する人、資格試験や学ぶサークルに参加するようになった人……。

何かをしなければならないわけではないけれども、こうした世界を広げる経験、実際にそこで参加して感じたことをシェアしていく中で、自分の心と自然とつながるものが見つかる人が増えていきます。同時に、互いの思いを語り、踏み出すこと、それに乗っかること、応援することも自然にできるようになっていきました。そしてそこで得た経験やネットワークを、自分たちの仕事につなげられないかという対話も自然と生まれるようになりました。そのくらい、**心が震える経験から動き出していくことは、何か大きな力と、応援したくなる感情を引き起こす**のだと思います。

自己革新② 思いをみんなで育て合う仕組みづくり

こうした経験を重ねていく中で、主体性や創造性を発揮する人が出てきます。そういう人が思いを語り、互いを応援しながら、前向きに行動していくことが自然になっていく、そんな人づくり、場づくりが次に必要になってきます。

人が思いを持って踏み出すには、各人がキャリア目標や成長目標を設定して、上司が面談をしながら、その支援をしていくことが最も有効だと考える人もいるでしょう。確かに経験の幅が広く、いろいろな角度からその人の可能性を引き出し、良い問いかけをしながら、本人の思いを引き出してくれるような上司がいてくれたら、その人が前に踏み出す大きな支援になります。

でもこれをすべての上司に期待することは、逆に負担を増やし、部下指導に苦手意識を持つ上司を増やしていくことにもなりかねません。むしろ、互いの思いを出し合い、応援し合う関係、場をつくることで心的エネルギーを高めていくことのほうが、多様な力を引き出すことにつながります。**自分の思いは自分の中から出てくるもの。でもそれを育て、自分の力に変えていくために、周囲の力が大切になる。**

わたしたちが実践している2つの取り組みを紹介します。

素直な気持ちを開示する「思いプレゼン」

1つは、**職場の仲間たち、あるいは同じような役割を担う人たちが横でつながって、各々が自分の中にある素直な気持ちと思いを開示する**というものです。わたしたちはこれを「**思いプレゼン**」と呼んでいます。

プレゼンをする人は、自分が生まれてから今までの人生を振り返りながら、今の自分をつくってくれた大きな経験、そこで感じてきたこと、学んできたこと、そこで自分が何を大切にしてきたのかについて、まず話してみます。

その中で、外への旅をしてみて、さらに心が動き出したことを重ねてみる。自分の中にもしかしたら、自分の心を動かしていく原動力になるもの、自分が追いかけてきたこと、大切にしてきたことはこんなことかもしれない。そこが明確に見えてきた人は、だからこれからこんなことをやっていきたいという自分の思いも語ってみます。

それに対してメールやLINEで個々人がその場で感想、共感、エールを送ります。大切なのは、アドバイスをすることではなく、その人の思いを育てる応援をすることです。

中には、自分は語れない、語るものがないと尻込みしてしまう人も出てきます。ただそんな人であっても、そのモヤモヤした気持ちも含めて、自分が何をしてきて、何を感じてきて、何に迷っているかを話してみてほしいのです。そのモヤモヤの中に自分の心を動かしてくれる「何か」が隠れているのかもしれない。それをあぶり出すお手伝いを周囲にしてもらう。そんな風に考えて、思いプレゼンをしてみてください。「そういうことだったのか」「それかも」と思えるものが見つかると、自分のそこからの人生の意味が、大きく変わるかもしれません。

異なる前提を持っている人同士で対話する

もう1つ、**異なる目線、前提を持っている人たちで一緒に思いをつくる**という取り組みも、大きな原動力を見つけるきっかけになります。

次世代経営リーダーへの研修を行う際に、他の世代との対話の機会を設けることを意図的に行っています。

きっかけは、ある会社で経営層と管理職層が一緒にこれからのマネジメントを考えるワークショップを行う際に、中学生と対話するセッションを設けたことです。

最初に学生から、仕事の未来のイメージをホワイトボードに書いて、思ったこと、その意図を話してもらいました。自分の夢、自分の未来の姿をイメージして語る学生もいれば、高齢化社会や環境問題と重ねて、自分たちがそうした未来を解決していく役割を担いたいという学生、さらには働くことの意味を自分なりに解釈して、説明をしてくれる学生もいました。

その後、その学生に各テーブルに入って一緒に対話をしてもらいました。学生からまずは質問してもらう、それに経営層、管理職層が答えていく。「仕事って楽しいですか」「そもそも仕事って何なんですか」「仕事の未来はどう変わると思いますか」……。

「仕事って楽しいですか」と聞かれ「楽しいよ」と答えたところ、「どんなことが楽しいですか」と問われ、具体的な話ができずに戸惑ってしまう人。「仕事って何ですか」と聞かれ、自分の業務の詳細説明に終始しているうちに、周囲が「そういうことじゃないよね」と気づき、どう答えるのがよいのか、みんなで頭を抱えてしまったグループ。

働く大人たちが、中学生たちの素直な問いに答えられない、仕事の魅力を語れない、イキイキした姿を見せられない。そんなことが起きてしまいました。中学生が帰った後、そんな自分たちでよいのかと本気の対話が始まりました。自分たちがやっていることを的確に伝え、そこに希望や未来を見せることができるようになるために、何が必要なのかと。

ある会社では、次世代経営リーダー層の研修の中で、新入社員との対話セッションを組み込みました。新入社員が入社して感じていること、悩ましいと思っていることを聞いた上で、逆に新入社員から会社に入ってみて違和感を覚えたこと、聞きたいと思ってきたことを素直に話してもらいました。すると、「なぜ、肩書や役職によって、顧客や周囲の反応が違うのか」「なぜ、大学や大学院で最先端のことを学んできた自分たちに、新しい分野の仕事をやらせてもらえないのか」「なぜ、承認を得る段階で、部長、役員に合わせて資料を作り替えるのか、そんなに意思決定に時間がかかるのか」など、本当に仕事をしていく中で素直に感じた壁、違和感を口にしてくれました。

ここで、次世代経営リーダーたちもそうだよなと思いながらも、どう答えてよいのか戸惑ってしまう。同時に、新入社員の中にある素直な気持ちや価値基準も見えてくる。良いか悪いかではなく、フラットであることが大事で、各々にあった何かを見出そうとすることへの思いがあり、時間内に効率的に仕事を進めることへの感度が高い。そんなことを実感していく。

その上で、だったらこれからどんな会社にしたいのか、どんな会社だったら、この場所で一緒に頑張りたいと思えるか、その未来のイメージを各人が絵にして持ち寄ってみます。すると、大きな気づきが生まれました。若い世代の描く未来は、自分も含めて働く人たちの幸せ起点であり、社会課題を念頭に置いて、自分たちの仕事をイメージしている。でも、次世代経営リーダーの多くは、会社がどういう存在になるか、そのために会社の仕組みをどう変えるかという目線で未来の会社像を描く人が多い。ここでまた対話をしていくと、幸せ起点、社会起点、会社起点が重なる新しい論理、新しい姿を見出すことが、これからの経営リーダーの役割ではないかという対話が自然と出てきたのです。

実際に難しいのは、次世代経営リーダー、部長層、あるいは課長層の研修で、最後に未来のありたい姿を描き、会社をこうした場に変えたいというプレゼンを、現在の経営者、経営層の人たちに聞いてもらうときです。経営層がそのプレゼンを評価者として聞いてしまうと、それで利益が出るのか、それで会社が成長するのかと、経営目線でのコメントを返されてしまい、そこにますます分断を感じる人が増えてしまいます。

そのため、経営層にも働く人たちの意識も大きく変わり、多様化していく中で、自分たちの未来のあり方が変わるかもしれないという目線で、一緒に未来を探求する対話をしてほしいとお願いし、ガイドしていきます。そうすると、同じように思っていた、やっぱりそうなのかと共感してくれる経営層も出てきます。研修のたびにこうした対話を繰り返していくと、経営層にもこれからの世代とつくる新しい経営のあり方が見えてくる。そんなことを考え、実現できる場所にどうしたら進化できるかを考えようという空気が生まれてきます。


それでも持論が強く、今までの経営の考え方に固執して、次世代リーダーたちの描く世界観を受け入れようとしない経営層がいる会社もあります。

ただ、それが逆に強い思いに変わる瞬間にも何度も出会ってきました。「社会は変わる、人の意識も変わる。でも経営が変わらないでは、この先がなくなる。自分たちでどうにかしよう」「世代交代はすぐに来る。ここにいる仲間がいれば、会社の未来は変えられる」

「自分たちで未来を変えよう。自分たちの手でこの会社をもっと良い場所に変えよう」。そんな思いが連鎖していく姿が広がったとき、ここに主体性と創造性が取り戻されたと感じます。

異なる部署、世代、性別、国籍、雇用体系の人たちが、互いの違いを超えて本質を問い、新しい思いをともにつくる。こうした取り組みが、人だけでなく、組織の主体性と創造性を取り戻すことにつながるのではないでしょうか。

組織革新① 幸せ起点でマネジメントを問い直す

ここまできたら最後に、自分たちの当たり前を問い直し、自分たちの会社のあり方、運営の仕方を大きく変えようと踏み出してください。

仕事のプロセス、コミュニケーションの仕掛け、意思決定の仕組み、人づくり・組織づくりへの取り組みなど、ここまで対話してきた中で、違和感がある、変えたい、やめたいと思ったことを素直に出し合い、その目的と意義を問い直し、どうしたらより良いものに変えられるか、知恵を出し合い、新しいやり方を見出す。

そのためには、**発想の起点を変えることと外の知恵と技術を持ち込む**ことが必要です。

発想の起点を変える

今やっていることの中には、状況が変わっているにもかかわらず、慣習として継続しているものが多々あります。何のために必要なのかがもうわからない、誰もその意味をしっかり説明できないというものが、いまだに多々あるのです。それを見極めるためには、その意味、意義をしっかりと問い直す必要があります。ただこのときに、気をつけなければならないことがあります。それは、やるべきか、やめるべきかを判断する基準が、結局は会社の成長、利益、リスクといった観点でのみ判断されていないかということです。確かにそれはやめた方がよいけれども、利益を落とすことになるのではないか、リスクにはならないのかというやり取りになると、今の論理に戻され、結局は何も変えられないということが起きます。ですから、**異なる視点で問い直す**ことが必要なのです。

未来起点で問い直す。仕事や事業、会社の未来がどう変わるのか。新しい技術、新しい価値観の中で、同じような仕事の仕方をしていてもよいのか。

顧客起点で問い直す。自分たちが今やっていること、そのやり方は、顧客にとってどれほどの意味をもたらしているのか。顧客にとってなくてはならないものなのか。

社会起点で問い直す。顧客の先にある社会の課題解決につながる仕事なのか。その仕事があることで、これからの社会のどのような課題を解決していくことに貢献していくのか。

幸せ起点で問い直す。そうした仕事の仕方をすることが、働く人たち、仲間たちの本当の幸せにつながっているのか。みんなが自分らしさを発揮し、そこにいる意味を見出し、働きがい、働く喜びにつながる仕事になっているのか。

こうした複数の目線で、自分たちがやっていること、やってきたことを見ていくと、本当にそれがこれからの会社においてどれだけ重要なことなのかが見えてきます。

その上で、具体的にどうやったらいいのかを考える。そのときに、自由に発想してみることだけでなく、外の世界で起きていること、新しい取り組みをみんなで調べて持ち寄ってみることも大切なカギになります。

外の知恵と技術を持ち込む

北欧やドイツなどの欧州企業ではなぜ、約1か月もの長期休暇を取ったり、週4日で働いたり、残業をしない中で、より生産性高く働くことができているのか。実際に現地の会社で働いたことがある友人、外資系企業で働いている友人に聞いてみたり、現地で働いている人たちの本なども読んでみる。すると、個々人の仕事への意識の違い、仕事を効率的に進めるための個人単位でできる工夫、それをバックアップするための情報共有やアイデア創発、意思決定のためのプラットフォームの仕組み、人の育成や評価に関する仕組みの違いなど、調べれば調べるほど、日本人、日本企業との違いが見えてきます。

それをただ同じように導入すればよいわけではありませんが、その知識や技術を持ち込んだら、何をどう変えられるかを考えたときに、自分たちのより良い仕事のプロセスが見えてこないか、ぜひ対話をしてみてください。ちょっとした工夫をするだけでも、仕事の仕方が変わり、みんなが得られる情報が変わり、判断するスピードも質も上がっていく。そうした知恵をたくさん集めたときに、自分たちの手で変えられることがあると気づけるのではないでしょうか。

マネジメントは自分たちの工夫次第で、変えることができる。それを実感できること、具体化できることで、前に進む力が生まれてきます。

組織革新② 自分たちのマネジメント原則をつくる

ここまで来たら、実際にマネジメントのやり方を大きく変えてみる。この場所をみんなでつくる、みんなで育てる。そんな意識がさらに広がっていくような、そんな組織運営への転換を図ってほしいのです。

実は、わたし自身がきっかけで、会社のマネジメントを大きく転換したことがありました。

会社が成長軌道に乗り、入社する社員が増えていく中で、経営者として会社の価値観、考え方をきちんと社員に伝えなければという意識が強まった時期がありました。会議の場で、ジェイフィールが大切にしている価値観や考え方とは違う議論が出てくると、「それよりもこういう目線、考え方の方がジェイフィールでは大事」ということをつい口にしていました。

するとあるとき、中堅メンバーの一人がわたしのところに来て、「克徳さん、当分会議には出ないでください。克徳さんが一言言うと、もう違う意見、異論はあっても、誰も何も言えなくなります。社長の一言は、それで決めますと宣言しているのと同じです」と言うのです。自分が良かれと思って発した言葉が、多様な発想を阻害し、主体性をつぶしているのかもしれない。そんなことを突き付けられたのです。それから会議には一切出ない時期が4か月続きました。

すると、いろいろなところでサブ会議やチームができて、合宿までして議論を詰めて、動き出す人たちが出てきました。人の力を引き出すことを仕事にしておきながら、自分の振る舞いが人の主体性と創造性を押し込めていたのということに気づかされました。

そこで、創業メンバーの2人と一緒に、3人でこれからの会社の運営のあり方を相談します。最初に決めたのは、自分が社長という肩書を返上したいということ。社長とかマネジャーとか、そういう階層的な役割はなくすことにしました。代表取締役であることは変わらないのですが、創業メンバー3人がチームで経営を行うこととし、名刺の肩書も「経営チームメンバー」に変えました。それまでも、相談しながらやってきたつもりでしたが、どこかで自分が社長だと思い、気負ってしまった部分があったのだと思います。そこから卒業したいと宣言しました。

同時に、自分たちが、経営者としてここだけは大事にしたいということをみんなに伝えました。一つは、ジェイフィールをみんなでつくる、みんなで育てる場所にしたいということ。もう一つはそのときの意思決定の優先順位を、①健康と家族、②仲間、③顧客と社会、④適正な利益としたいと宣言しました。

健康と家族に不安があったら、そもそも働けない。だから最優先すべきは、自分も家族も健康で、安心して働けること。でもそれを実現するためには、仲間のサポートが今まで以上に大切になる。少しでも不安があったら声を上げて、助け合う。そのためには、互いの信頼関係が大切。互いを支え合いたいと思う関係性をしっかりつくっていこう。そういう仲間だからこそ、顧客にも真摯に寄り添い、その先の社会にも良い仕事ができる。そんな集団になっていこう。そうしたらきっと、適正な利益が得られる。自分たちが継続できるように、経営的にはしっかりと堅実にやっていこう。

ここから、ジェイフィールという場所をみんなでつくる、そのための組織運営が本格的にスタートしました。そのコアの仕組みになっているのが、やはり対話の仕組み、ジェイフィール合宿とジェイフィール会議です。

合宿は年4回、四半期ごとに行っています。そこでは、未来起点、社会起点で、自分たちに求められていることを話し合ったり、外部講師に来ていただいたり、自分たちが外で共通体験する機会を設けたりしながら、この会社をどういう会社にしたいか、そのためにどんなことを変えていきたいかを話し合うようにしています。さらに2週間に1回の会議では、振り返り（マネジメントハプニングス）を一緒にやりながら、チームごとの活動報告や相談したいこと、健康や家族の心配ごと、イベントの企画、大事な外部メッセージの確認など、みんなに知ってほしい、みんなと対話したいことが持ち込まれる場になっています。

実際にはうまくいかずに停滞してしまうことも何度か経験しました。たとえば、誰かが頑張って企画し、実際に内容を練り、やろうとしていることを紹介しているときに、いろいろな意見が出過ぎて、そこで本人たちがやる気を失う、迷いが膨らんでしまうことが起きたこともありました。本人たちがこうしたいと思って持ち込んだものなのに、周囲は良かれと思っていろいろな意見を言う。でもそれは逆に否定されている、ブレーキをかけられているように感じる。そういうやり方が、この会社を一緒につくるということなのだろうかと、1回、時間をかけて話し合いました。

経営者がこうすべきだと、経営者の判断軸だけで方向性を決めない。社員全体が参画しながら、一緒に方向性を見出し、すり合わせ、必要な修正は自分たちでやる。ただ、異なる意見があることは良いことでもあるけれども、なかなか一つの結論を得るのが難しくなる。そのときに、互いがどのような関わり方をすべきかと話し合ったのです。そこで突き詰めていったのが、「**重ね合う**」という概念と方法です。

ある提案が出てきたとき、各々が自分の目線で、それはこうじゃないか、もっとこうしたほうがよいというのは、重ねているのではなく、自分の考えやアイデアを主張していることになる。大事なのは、その提案の中で、自分も共感する部分、自分の考えと重なる部分をまず見つけること、それをみんなで共有すること。

すると、いろいろな重なりが見えてくる。多くの人が重なる部分もあれば、異なる部分で数名ずつが重なる部分もある。それが見えると、その提案のコアの部分、周辺でも大切な部分が見えてきます。その上で、提案者がその重なる部分をより良くするために、意見を求めたいと思えば、提案者から問いかけてみる。そこでみんなが知恵やアイデアを出す。そんな重ね合い、探求するプロセスが、一人ひとりの思いを重ねながら、組織の思いに変えていくことになる。

中心の論理があり、そこに人の意識と行動を統合していくのがこれまでのマネジメントだとすると、それは多様性を排除し、似通った思考を持つ人を再生産していくことになります。一方、**重ね合いの論理をベースに、そこに集う人たちが互いの思いや考えを出し合**

い、進化させながら、一緒に道を切り拓いてくマネジメントでは、異なること、違うことに意味を感じ、自然と変わっていくことができるようになります。これが多様性を引き出し、活かし合うことにもある。

まずは自分の職場で、できれば部門全体や会社全体で、自分たちなりの良い組織の動かし方、マネジメントの仕方を一緒に考えてみてください。この場所を一緒につくり、育てていく組織運営ができないか検討してみてください。そこに、今までとは違う人と組織の新しい関係がきっと見えてきます。

第7章

コミュニティシップ溢れる社会をつくる

不透明な時代をどう生きるか

わたしたちが得てきた経済的な幸せは、20世紀の人口成長、グローバル化に支えられてきました。人口が3倍に膨れ上がることで、日本経済は活性化し、さらにグローバル化が進むことで安い原材料、商品が手に入り、わたしたちは物的な豊かさを実現してきました。

一方で、わたしたちはそれとは引き換えに、多くのものを手放してきました。故郷や地域を離れ、より良い仕事がある首都圏、都市圏に住む人たちが増えたことで、地域のつながりの中での生き方、大家族での生き方を手放しました。衣食住の大半は、自分たちでつくる、自分たちで直すことが当たり前だった暮らしは、より安いものを買う、消費する暮らしに変わりました。

何かを自分たちの手でつくる、工夫する、変えることよりも、より安いもの、より良いものを買い、消費し続ける生き方へと転換していきました。人口が増える社会の中では、この転換は多くの豊かさをもたらします。しかし、人口が半減していくこれからの社会の中では、こうした暮らしはどこかで行き詰まってしまうのではないでしょうか。

人口減少は、国としての購買力を低下させます。輸入品に頼る日本に、十分にものが入ってくるのか。特に食料を海外に頼っている日本で、食材を豊富に得ることができるのか。高齢化する社会の中で、生活の根幹を支える農業、土木、介護、インフラ系などのビジネスを維持できるのか。環境問題や社会課題が深刻になる中で、自分たちの暮らしを変える技術を生み出せるのか、暮らしを支えるインフラを再構築することができるのか。

わたしたちは本当にこれから多くの課題と向き合うことになります。今の幸せな暮らしを守ろうとするだけでも、本当に多くの革新が必要となります。もしかすると、人口減少に合わせた事業やサービスの縮小化も検討しなければならなくなります。その中で、仕事を変えなければならなくなる人も出てくるでしょう。そのときに、わたしたちはどう生きるのか、どう乗り越えていくのか。人も組織も、これからの時代をどう生きるのか。

最後に、こうした時代を生きるために、わたし自身が本当に大切にしていきたいと思っていることを書かせてください。

人も組織も社会も「生き方」を大切にする

1つ目は、こうした**不透明な時代だからこそ、やはり「生き方」「どう生きるか」が大事**だということです。

わたしは大学受験に失敗し、二浪しています。現役、一浪のときは、20校ぐらい受けて、どこにも受かりませんでした。原因は、極度の緊張。本番に弱かったのです。

それだけでなく、二浪が決まってすぐ、肺が破れ、いったん退院したものの再度破れて、開胸手術を受けることになります。実質3か月におよぶ闘病生活を送ります。大学にも行けず、働くこともできず、自分はこのまま社会から排除されるんだと思いました。自分からは何も話せないぐらい、落ち込んでいたと思います。

わたしの病室には、心臓の病気で倒れて手術を受けた50代、60代の男性5人がいました。大学に受からず、絶望している20歳の若者が入院してきて、どうにかしてあげたいと思ってくれたのだと思います。いろんな話をしてくれました。

その中で、みんなで死にかけたときの話をしていたことがありました。「心臓が苦しくなり、電話をして倒れた後、走馬灯のように自分の人生が浮かんできた。でもそのとき思ったんだよな。俺って何か自慢できることやったかな。何かをやってきたって言えるんだろうかって」「でも、わかったこともあるんだよな。何ができたか、どこまでできたかなんて、正直満足できる人は少ないんじゃないのかな。でも、どう生きたか、自分でも胸を張れる生き方をしていれば、満足できるんじゃないないのかな」「人なんていつ死ぬかわからない。明日死ぬかもしれない。そのときに、何ができたかを基準にしていたら、できなかった人生を悔やむだけ。でも、どう生きたかを基準にしていたら、そこまでよくやったと自分をほめてやれるんじゃないか」。そんな話をしてくれました。

大学受験で結果を出せず、入院して未来がないと落ち込んでいる若者に、「**何ができたかよりも、どう生きるかが大事だ**」と教えてくれた大人たち。今でも、本当にその言葉、彼らが教えてくれたことが、わたしの支えになっています。

もう1つ、生き方の大切さを痛感した出来事がありました。東日本大震災で、現地にボランティアで参加したときのことです。市役所には、家族を探しているという貼り紙が無数に貼られていました。本当に多くの人たちの家族を思う気持ちを目の当たりにし、つらくなり、苦しくなりました。

その中で1枚だけ、大きな模造紙が貼られていました。そこには、「最愛の妻と生まれたばかりの息子を大津波で失いました。いつまでも二人にとって誇れる夫、父親であり続けられるよう精一杯生きます、被災されたみなさん、苦しいけど負けないで！」という、ある市役所職員の方のメッセージが書かれていました。わたしは、この貼り紙の前から動けなくなりました。いろんなものが入り込んできて、涙が止まらなくなりました。自分が同じ状況だったら、こんなに苦しいときに、こんな思いを人に伝えられるだろうか。そんな生き方ができるだろうかと。

人は未来が見えないときほど、生き方が試されるのだと思います。どうなるかわからない未来、不安ばかりの未来であるからこそ、どう生きるかを考える。自分に誇れる生き方をする。それは周囲の力になっていく。そんなことを実感しました。

わたしたちは今、静かなる分断を超えて、未来を切り拓いていくために、自分たちの生き方を変えなければならないのだと思います。自分さえ良ければよい、自分たちの利益を最優先する生き方ではなく、**ともに生きる人の気持ちに寄り添い、思いを重ね、一緒に未来へ踏み出そうとする生き方への転換**が必要なのだと思います。そんな生き方の転換が自然と生まれる場所をつくる。そんな会社、地域を増やしていく。それがこれからの人生をより良いものに変えていくことになるとわたしは信じています。

組織の中に「豊かな暮らし」をつくる

２つ目、わたしがこれから大切になると思っていることがあります。それは「暮らし」です。

東日本大震災から3年経って、お手伝いさせていただいた社会福祉協議会の方にお会いしたとき、こんな言葉を聞きました。

「町は整備され、人も少しずつ戻ってきている。でもあのときの暮らしはもう戻らない」

そこにあった日常の暮らし。そこに集う人たちが日々の中で伝え合い、共有し合っていた何か大切なもの。それはもう戻らないと言われたとき、また心が苦しくなる経験をしました。そこから「暮らし」とは何かを考えるようになりました。

さらにもう一つ、心が動かされることがありました。ベトナムから日本に来た留学生グエン・ティ・トゥイさんが朝日新聞（2016年7月10日付）に投稿した記事でした。

「日本に来るまでは、日本は立派で偉大な国だと思い、実際に生活の豊かさを見て、ベトナムとの差は大きいと感じた。きっと日本人は自分の国に誇りを持ち、幸せだと感じているのだろうと思っていた。……しかし、実はそうではないように感じる。日本は世界でも自殺率の高い国の一つだという。電車の中では、睡眠不足で疲れた顔をよく見る。日本人はあまり笑っていないし、いつも何か心配事があるような顔をしている。……ベトナムはまだ貧乏な国だが、困難でも楽観的に暮らし、めったに自殺を考えない。経済的な豊かさは幸福につながるとは限らない。日本人は何のために頑張っているのか。幸福とは何なのか。日本人自身で答えを探した方がいいと思う」

この留学生の記事を読んで、素直にその通りだと思ってしまいました。逆に、ベトナム人は本当に幸せを実感しているのか、その理由は何か知りたくて、教員仲間のベトナム調査に同行させてもらうことにしました。そこでひたすら「幸せですか」「その理由を教えてください」と26人にインタビューをしました。本当に会う人、会う人、みんなが「幸せです」と回答してくれました。その理由を聞くと、ストレスがないからという言葉がよく返ってきたのです。

朝起きると、近くのカフェで食事をとります。そのときに、近所の人たちと挨拶し、朝からご近所さんと楽しくワイワイ話をしている。そこから出勤して昼は家に戻って食事をとり、また仕事。でも夕方にはきちんと終わり、今度はバイクでいろいろな仲間と連絡を取り合って夕食を一緒に食べる。気の合う仲間と、いろいろなつながりを広げながら、日々の暮らしに感謝し、悩みや思いを語り合いながら、人生を楽しむこと、心が豊かになる関係づくりを大切にしている。仕事も暮らしも、心地良いつながりの中で生きていく。これが彼らの生き方、暮らし方なのだということが見えてきました。

そこから、「暮らし」とは何だろうとますます考えるようになりました。いろいろな試行錯誤をして、田舎暮らしをしてみたいと思うようになりました。本当に多くの町を歩いたのですが、その中で道を歩いていると笑顔で話をしてくれる人たちばかりの里山に出会い、そこに移住することに決めました。

すると、そこには今まで経験したことのない暮らしが溢れていました。庭に出ていると知らない人でもすぐに声をかけてくれる。ご近所さんが採れたての野菜を毎日のように持ってきてくれる。ちょっとした困り事は、すぐにみんなが手伝ってくれる。

庭に出て空を見上げると、澄んだ空気、毎日移り変わる山の天気に、心が洗われる。イノシシや小動物に悩まされることもあるけれども、みんなで知恵を出して対策を練る。自然と向き合い、ご近所さんと分かち合い、困ったことは一緒に解決していく。この場所をみんなでより良い場所にしていこうとしている。そんな場所で、自分たちでも野菜をつくり、ちょっとした道具の修理も自分でできるようになり、地域のイベントにも積極的に参加できるように自然となってきました。

ここにいると、本当に穏やかな空気と、穏やかな人たちと、穏やかな暮らしがある。いろいろな環境変化に悩まされても、どうにかしようという知恵と協力がある。暮らしとはそういうものなのかもしれないと思うようになりました。

人が集まる場所には、暮らしが生まれます。会社という場所にも、暮らしが生まれます。

でも、そこにどんな暮らしをつくるのか、育むのか。都会の一人暮らしのように、隣の人が何をしているのか、どんな人なのかがわからないというような、孤独な暮らしを会社の中につくるのか、それとも下町や里山のようなつながりの中で生きていることが日々感じられる暮らしをつくるのか。

誤解してほしくないのですが、下町や里山だから良い、都会は寂しいと言いたいわけではありません。大切なのは、そこに心を通わせる暮らしがあるかどうかではないでしょうか。日々の暮らしの中につながりがあり、そこに良い感情を伝え合う日常があれば、その場所への愛着も生まれてくる。エンゲージメントとは、そうした心からのつながりを実感できるからこそ、生まれてくるものなのではないでしょうか。

この場所の空気が好き、この場所で出会う人が好き、この場所の暮らしが好き。だから、この場所に居たい、この場所を一緒につくりたい、この場所を守りたいと素直に思える。そんな豊かな暮らしを、会社という場所にもつくることができないのでしょうか。

「再生する力」「つくる力」を取り戻す

そしてもう1つ。わたしたちは**再生する力、つくる力を取り戻す**必要があるのではないでしょうか。

移住してから、森林再生活動や自然農のプロジェクトに参加しています。そこで、**わたしたち人間がしてきた自分本位の活動が、自然界の中にある大切な「つながり」を断ち切ってきた**ことを知りました。

人間は自分たちが暮らす場所を増やすために山の中にも道路を通し、擁壁をつくり、住宅地へと変えていきました。しかし、コンクリートやアスファルトでできた道や壁は、地中に張り巡らされた空気と水の流れを遮断していきます。するとそこに行き場を失った水がたまり、やがて腐ってガスを発生し、周囲の木々を枯らしていく。整備されない人工林は、やせ細った木だけを残し、下草も生えない、真っ暗な森へと変わってしまう。そんな森に急に雨が降ると、水が染み込まず、一気に水が地表を流れていく。やがて擁壁をも崩して、町へ大量の土砂を流していく。

昔は、川や森の環境を整えることは、自分たちの暮らしを守るだけでなく、下流の村の暮らしを守るためにも、必要な取り組みだったのだそうです。こうした互いの暮らしを守るために行う共同作業のことを江戸時代までは結《ゆい》と呼んだそうです。互いが協力して土中環境を整えることで、森全体に健康な流れをつくる。それが生物多様性を生み、恵み豊かな森を形成していく。人間は自然と共存する暮らしを守る活動を継続的に行ってきたのです。

ところが、人間は自然との共生より、自分たちの経済的幸福を優先するようになる。それが自然の再生力を妨げ、自然が人の暮らしを守る力をも低下させてしまった。そして温暖化が進み、集中豪雨が頻繁に起こるようになり、弱った森も、コンクリートに囲まれた都会も、もう耐えることができなくなっている。**人間が自己最適を求めて、便利さを求めて、自然と人と社会との間にあった大事なつながりを断ち切った**からです。

同時に、自然と向き合っていくと、もう一つ大事なことに気づかされました。それは、生物界には互いの栄養を分かち合いながら、自分たちで命を育み、育てていく生態系、エコシステムをつくりだす力があるということです。

わたしが大きな学びを得ている活動に、「森と踊る」主催の自然農プロジェクトがあります。耕作放棄地を再生して、肥料や農薬に頼らず、土中環境と菌の力で野菜を育てるノウハウをみんなで身につけていこうという活動です。その根幹には、農作業だけでなく、暮らしを自分たちでつくる力を再生していきたいという思いがあります。

土中環境を整えて、糸状菌が広がるまで待ちます。その菌たちが、野菜が栄養分を取り込むサポートをしていく。すると人間が合成してつくった化成肥料や農薬を使わずとも、大きな野菜が育ちます。形は不揃いでも、大きくて個性的な野菜が育っていく。時には、隣同士の異なる野菜が交雑することもありますが、それがまたおいしかったりもする。互いの野菜が共生しながら、養分を分け与え、ともに育っていく環境がそこにはあります。

森も畑も、そこに空気と水の流れが生まれる土壌を整えていけば、互いをつなぎ、分かち合い、育て合う環境が生まれる。時に、淘汰されることがあっても、それが次の生命を育んでいく。自然の中には、再生する力、新しい命を育む力がある。

しかもいったん、荒れた森や畑になったとしても、そこに水と空気の流れを再生していけば、菌が増え、多様な生物が新しい営みを始める。多様性が育まれる場所、豊かな生態系、エコシステムをつくろうと動き始める。

組織も社会も、遮断したつながりを再生し、そこに良い流れ、良い循環を生み出すことで、多様な力が集まり、活かされる場所をつくることはできます。良い土壌をつくる、菌のように老廃物を分解し、養分を蓄え、伝達していく。そんな役割をしていく人たちが増えていけば、多様性が広がる新しい世界をつくっていけるのだとわたしは思います。

「生き方」「暮らし」「つながり」「再生する力」「つくる力」……。

人にも、組織にも、社会にも、生き方がある。であれば、より良い生き方をみんなで考えてみる。これからの生き方を一緒につくってみる。

企業の中に、もう一度暮らしをつくる。ともにこの場所をつくり、育て、守りたいと、自然に気持ちが湧いてくるような、そんな暮らしに溢れた場所をみんなでつくってみる。

そして、互いの場所をつなぐ。その中に、より良い流れをつくる。互いの持っているものをつなぎ、豊かな生態系をつくる。それが社会全体に良い連鎖を起こしていく。

こんな変化を一緒に起こしていきませんか。そんな一歩を踏み出せる、周囲と一緒に踏み出したくなる、そんな自然体のリーダーシップをみんなで身につけていきませんか。

これからのリーダーは、上下の関係性の中で、人に働きかけ、人を動かすリーダーではなく、人と人、人と社会、人と組織をつなぎ、そこに良い感情の連鎖が起こる場をつくっていく、そんなつながりと連鎖を起こすリーダーなのではないでしょうか。

そしてそれは誰かが抱えるのではなく、一人ひとりが自分らしさを発揮する中で、気づくと誰もが自分なりのリーダーシップを発揮している。そんな小さなリーダーシップが重なり合ったとき、その場所をより良いものにしたいというコミュニティシップが生まれてくるのではないでしょうか。

コミュニティシップ溢れる人、組織、社会をつくろう

静かなる分断を超えるために、互いが本音を出し合い、その中で思いを取り戻し、そしてそれを実現していくマネジメントの方法論を一緒につくっていく。それは自分たちの当たり前を問い直すことであり、各人が自分の心の蓋を取り払い、本当の思いと向き合うことであり、それを重ねる中で、みんなが大切にしたいものを見出し続けるプロセスでもあります。

一度決めたら、それで組織を効率的に運営するというものではなく、これからの変化の時代を一緒に乗り越える組織運営のあり方を一緒に追求し続けていくプロセスです。だから、こうでなければならないというものもありません。

自分たちがこの場所をどういう場所にしたいか。その場所をどうやって一緒につくっていくか、育てていくか。その対話が繰り返されていく中で、この場所に、そこで出会う仲間や仕事に、素直に感謝できるようになる。そうなったとき、そこには未来をともに切り

拓く思いとエネルギーが生まれてくる。

そうした革新を起こした先に生まれてくるものとは何か。それは、ヘンリー・ミンツバーグ教授が提唱しているコミュニティシップです。彼は、「**コミュニティシップとは、自分の居場所を得ることによって自分を取り戻して、さらに自身でその居場所をより良いものにしていこうとする姿勢である**」と定義しています。つまり、自分がその場所で受け入れられ、自分の居場所だと実感を得る中で、本当の自分、自分らしさを取り戻していく。だからこそ、その場所をより良いものにしようという思い、姿勢が湧いてくる。

「この場所が心地良い、この場所がありがたいと素直に思える。だから、この場所を一緒につくりたい、育てたい、守りたい」。そんな気持ちが自然と湧いてくる。

そうした姿勢や感情が連鎖し、重なっていくと、その場所をより良いものに変えていこうとする思いが、未来への想いに変わっていきます。その想いが重なり合うと、自然と踏み出す人、それを応援する人、参加する人が生まれてくる。そんな思いと行動が溢れ出すと、社会や世界が大きく変わっていくと思いませんか。

ここにいると、違いを越えて、みんながつながる
ここにいると、世界が広がり、思いが湧いてくる
ここにいると、想いが重なり、踏み出したくなる

そんな人たちが、人と組織と社会の壁をなくし
互いの未来のために自然につながっていく

一つでも、まずは自分がここにいると自然な自分になれて、周囲のために、周囲とともに一緒に動き出すことができたら、まずはそれだけでも大きな壁を壊したことになる。でもそのコミュニティだけが幸せになるのでは、別のコミュニティ、社会とまた分断していくことになるのかもしれない。だから、少なくとも三つ、自分にとってのコミュニティをつくる、見つけてみる。そうすると、そこに共通に流れる大切なもの、それらをつなぐ先にあるものが見えてくる。そうやって**コミュニティシップ溢れる場所がつながることで、人と組織と社会と地球をつなぐ大きな生態系としてのエコシステムを再構築する**ことができるのではないでしょうか。

自分の職場に、会社に、そして社会に、世界に、こんなコミュニティをたくさんつくっていきませんか。そうして生まれたコミュニティをさらにつなげ、協力し合い、より良い社会、より良い世界をつくっていく。そんな連鎖をつくっていきませんか。

未来への第一歩を、身近な関係、身近な職場から始める。それが静かなる分断を超えて、未来を切り拓く生き方になるのだと思います。

この本は、わたしたちがこれからの時代をどう生きるか、一緒に考えていくきっかけにしていただきたくて書いた本です。答えは一つではないと思いますし、まだまだいろいろな考え方も取り組みもあると思います。だからこそ、まずは身近な人たちと対話してみませんか。一緒に探求してみませんか。きっとあなたらしい「生き方」が見つかると思います。

おわりに

あなたは「静かに分断する職場」というこの本のタイトルを見て、最初はどんなイメージを持ちましたか。さすがに日本では、分断が対立を生み、紛争まで起きているわけではない。だから、分断といえるのか。そう思った人もいるかもしれません。

確かに日本人は、異質なものを排除する、争うというマインドにはなりにくい。むしろ、そうした異質なもの、理解しがたいものからは距離を置き、関わりを断とうとする。SNSで批判を浴びせることはあっても、面と向かっては対立せず、表面的にはうまくやり取りをしながら、心の中では明確な線を引く。

分断することが紛争や戦争になり、人の命と暮らしが奪われることはあってはならない。でも、静かに分断することで、人の心と生き方が壊れていくこともあってはならない。

自分を守るために対立を避ける。声を上げることも、ぶつかり合うこともしない。そこでは本当の気持ちが行き交うことはなくなる。人と本音では関わらない生き方になる。でもそれは結局、周囲から孤立し、自分の居場所を失い、社会から排除されたと感じる人たちを増やしてしまう。その中には、人や会社、社会を傷つける人も出てしまう。自分で自分を傷つける人も出てしまう。

多様性の時代、変化の時代の中では、対立は避けられないのかもしれません。いろいろな価値観のぶつかり合いは起きます。そのとき、対話をするのか、対話を避けて関わりを断つのか、力でねじ伏せるのか。わたしたちは今、この選択に迫られているのではないでしょうか。

確かに、わたしたち日本人は、ディベートや議論は苦手です。でも、互いの気持ちを理解し、寄り添いながら、本音を重ね合わせ、一緒に何かを見出す対話は苦手なのでしょうか。歴史的に見れば、異なる価値観や文化をこれだけ取り込み、融和させてきた国はありません。その根幹に、わたしたちが大切にしてきた価値観、考え方があったからです。

社会学者の濱口惠俊先生は、日本は「個人主義」でも「集団主義」でもなく、「**間人主**

義」の社会だと言っています。間人とは、「対人的な意味連関の中で、連関性そのものを自己自身だと意識するようなにんげんの在り方」だと定義しています。つまり、**何よりも人と人との間柄を大切にし、紐帯、関係性の中に自分の存在意義を見出す生き方**をしてきたというのです。

自己中心的で、他者を信頼せず、対人関係を手段だと捉える個人主義とは違い、相互依存的で、他者を信頼し、対人関係を目的、本質として捉えるのが、間人主義です。

わたしたちはどこか、個人主義に徹することができない、何か間人主義という土台が一人ひとりの心の中に、社会の中に根強くあるのではないでしょうか。

人も社会も自然も、すべてはつながりの中にある。だからこそ、自分が何かをすれば他者に影響を与える。それがいつかは自分に返ってくる。だから、目の前のつながりを大切にする。**自分もそのつながりの一部として、より良い流れをつくる一端を担っていく。**

この感覚、思想、姿勢は、社会、世界の分断をこれ以上深刻化させないための大きな力になるのではないでしょうか。

わたしたちは関係性の中で生きている。関係性の中で人になる。だからこそ、今、身近にある家族、職場、地域の中で、対話を大切にして、より良い生き方をみんなで探求していく。そんな新たな関係性が、わたしたちの未来を切り拓くことになるのではないでしょうか。

この本を通じて何か思うことがあれば、周囲の人に、職場の仲間に、社会に、その気持ちをつぶやいてみませんか。思いが重なる人がいたら、ぜひ、この本をたたき台にして対話をしてみてみませんか。勇気がいることだと思いますが、対話したい上司や経営層の方に「うちの会社でも同じことが起きています。どうにかしたいです」と言って、この本を渡してみませんか。きっと何かが起こる。**小さなつぶやき、小さな行動が良い感情の連鎖を起こす。**そう信じて一歩踏み出す自分に出会えたら、思いっきり自分を褒めてあげてください。

わたしがこの思いを失うことなくここまで来ることができたのは、社会人生活を通じて本当に多くの素晴らしい人たちに出会い、良い恩師と良い仲間に恵まれたからなのだと思います。今回の本の中でも、思考の整理とアンケート調査は同僚である阿由葉隆さん、和田誠司さんの力がなければ進められませんでした。そして何より、ジェイフィールメンバーとの対話と取り組みがなければ、発見できないことばかりでした。そしてこの本の執筆にあたっては、編集者の伊東佑真さんとの対話がなければ、形にすることはできませんでした。みなさん、ありがとうございました。

わたしたちの未来は、わたしたちの手で変えられる。
そう信じて、職場に、会社に、社会に、良い感情の連鎖を起こしていきましょう。

2025年3月

高橋克徳

主要参考文献

高橋克徳、河合太介、永田稔、渡部幹 『不機嫌な職場』 講談社（2008）
高橋克徳 『職場は感情で変わる』 講談社（2009）
エドワード・ホール 『かくれた次元』 みすず書房（1970）
伊丹敬之 『人本主義企業』筑摩書房（1987）
伊丹敬之 『漂流する日本企業』 東洋経済新報社（2023）
エイミー・C・エドモンドソン 『恐れのない組織』 英治出版（2021）
リンダ・グラットン、アンドリュー・スコット 『LIFE SHIFT』 東洋経済新報社（2016）
齊藤勇編 『人間関係の心理学』 誠信書房（1983）
齊藤勇編著 『図説　社会心理学入門』 誠信書房（2011）
マイケル・トマセロ 『ヒトはなぜ協力するのか』 勁草書房（2013）
アダム・カヘン 『それでも、対話をはじめよう』 英治出版（2023）
塩原良和 『分断と対話の社会学』 慶應義塾大学出版会（2017）
伊丹敬之 『場の論理とマネジメント』 東洋経済新報社（2005）
田中洋子 「ドイツ企業の管理職における短時間パート勤務とジョブシェアリング」『Area Studies Tsukuba 41：9-29』（2020）
小林祐児 『罰ゲーム化する管理職』 集英社（2024）
ジェームズ・クーゼス、バリー・ポスナー 『信頼のリーダーシップ』日本生産性本部（1995）
ジェームズ・クーゼス、バリー・ポスナー 『リーダーシップチャレンジ』 海と月社（2014）
ハーバード・ビジネス・レビュー編集部編 『オーセンティック・リーダーシップ』ダイヤモンド社（2019）
片岡裕司、阿由葉隆、北村祐三 『「目標が持てない時代」のキャリアデザイン』 日本経済新聞出版（2021）
Daniel H. Kim (2001),“Organizing for Learning: Strategies for Knowledge Creation and Enduring Change”, Pegasus Communications
ヘンリー・ミンツバーグ 『「コミュニティシップ」経営論』DIAMOND Harvard Business Review（November 2009）
浜口恵俊 『間人主義の社会　日本』 東洋経済新報社（1982）

ディスカヴァー携書 260

静かに分断する職場
なぜ、社員の心が離れていくのか

発行日　2025年3月22日　第1刷

Author　高橋克徳

Book Designer　山之口正和＋中島弥生子（OKIKATA）
Illustrater　辻野清和

Publication　株式会社ディスカヴァー・トゥエンティワン
〒102-0093　東京都千代田区平河町2-16-1 平河町森タワー11F
TEL　03-3237-8321（代表）　03-3237-8345（営業）
FAX　03-3237-8323
https://d21.co.jp/

Publisher　谷口奈緒美
Editor　大田原恵美　伊東佑真

Store Sales Company
佐藤昌幸　蛯原昇　古矢薫　磯部隆　北野風生　松ノ下直輝　山田諭志　鈴木雄大
小山怜那　藤井多穂子　町田加奈子

Online Store Company
飯田智樹　庄司知世　杉田彰子　森谷真一　青木翔平　阿知波淳平　大﨑双葉
近江花渚　舘瑞恵　徳間凜太郎　廣内悠理　三輪真也　八木眸　安室舜介　古川菜津子
高原未来子　千葉潤子　川西未恵　金野美穂　松浦麻恵

Publishing Company
大山聡子　大竹朝子　藤田浩芳　三谷祐一　千葉正幸　中島俊平　伊東佑真　榎本明日香
大田原恵美　小石亜季　西川なつか　野﨑竜海　野中保奈美　野村美空
橋本莉奈　林秀樹　原典宏　村尾純司　元木優子　安永姫菜　浅野目七重
厚見アレックス太郎　神日登美　小林亜由美　陳玟萱　波塚みなみ　林佳菜

Digital Solution Company
小野航平　馮東平　宇賀神実　津野主揮　林秀規

Headquarters
川島理　小関勝則　田中亜紀　山中麻吏　井上竜之介　奥田千晶　小田木もも
佐藤淳基　福永友紀　俵敬子　三上和雄　石橋佐知子　伊藤香　伊藤由美　鈴木洋子
照島さくら　福田章平　藤井かおり　丸山香織

Proofreader　文字工房燦光
DTP　有限会社マーリンクレイン
Printing　中央精版印刷株式会社

携書ロゴ：長坂勇司
携書フォーマット：石間　淳

ISBN978-4-7993-3131-6
SHIZUKANI BUNDANSURU SHOKUBA by Katsunori Takahashi